Verbundenheit

Ein möglicher Einblick in die Welt des Seins

Band 6 aus der Serie

«Gesellschaft verstehen».

Copyright und Design:

Michael von Känel

Verlag:

www.denkmalnach.ch

1

Inhalt

1 Einleitung

In diesem Büchlein geht es um Freundschaft. Es geht darum, dass wir unsere Freunde erkennen und wertschätzen lernen. Und es geht vor allem darum, dass wir selbst erkennen, dass wir eine gute Freundin oder ein guter Freund sein können.

Freundschaft führt zu Verständnis, Verbundenheit und zu Erkenntnis. Und sie tut dies mit Leichtigkeit und Freude. Denn das Leben ist einfach, wenn man mit einem Freund oder einer Freundin zusammen ist.

Wie wäre es, wenn wir nicht nur wenige Freunde, sondern alle Menschen insgesamt als Freunde hätten?

Wie würde sich unser Leben gestalten, wenn wir irgendwo hingehen könnten und uns gut, sicher und geborgen fühlen dürften, weil wir auf andere Menschen treffen dürften, die uns freundlich gesinnt sind?

***

Aber leider hat Freundschaft einen grossen Feind! Dieser Feind tritt in Form von Trennung in Erscheinung. Und diese Trennung zerschneidet alle Bande der Freundschaft. So dass wir allein dastehen und uns unseren Weg durch die Trübseligkeiten des Alltags kämpfen müssen.

«Das ist nicht fair!», sagen Sie?

Doch, das ist es. Denn es muss so sein.

Freunde muss man sich verdienen. Und Freundschaft muss man sich erarbeiten.

Man tut dies, indem man sich in die andern hineinzufühlen versucht. Und dadurch verbindet man sich. Denn so erkennt man, was Freundschaft wirklich ist: Es ist die Kraft, die in uns schlummert und dann erwacht, wenn wir unseren Selbstvorteil ablegen und stattdessen unseren Blick auf das Ganze richten.

Indem wir dies tun, überwinden wir die Trennung und ebnen wir der Freundschaft den Weg.

Wie gut tut es doch, sich selbst sein zu dürfen! Aufgehoben in der Sicherheit und Wärme, die von Freunden ausgeht!

Nun, wir kriegen das, was wir geben!

Es ist an uns, selbst ein guter Freund zu werden, auf dass wir Freundschaft zurückerhalten von denen, die uns bisher fremd waren.

***

Dieses Büchlein hier setzt sich mit Freundschaft und Verbundenheit auseinander. Auf dass wir ansatzweise zu erkennen vermögen, was denn unser Leben und das Sein an und für sich ausmacht.

Und auf diesem Weg werden wir erkennen, dass wir uns sehr oft täuschen. Und indem wir uns täuschen, stehen wir uns selbst im Wege.

Eine junge, selbstbewusste Frau hat dem Autor mal erzählt, dass sie an einem schönen Sommerabend mit einer Kollegin und einem Kollegen unterwegs war. Und dann hat sie auf einer Bank zwei Männer mittleren Alters gesehen. Diese haben Bier getrunken, geraucht und miteinander geplaudert. Die junge Frau hat ihren beiden Begleitern vorgeschlagen, sich zu diesen zwei Männer zu setzen, um sich mit ihnen auszutauschen. Aber diese wollten nicht. Sie brachten diverse Vorbehalte an und wiesen auch auf das Risiko hin, das man eingeht, wenn man sich auf Fremde einlässt – besonders dann, wenn Alkohol im Spiel ist.

Und so hat sich die junge Frau entschieden, ihre Kollegen zu verlassen und sich halt allein zu den beiden Männern zu setzen.

Diese haben ihr sogleich ein Bier angeboten, das sie annahm. Und wir fühlen sogleich, wohin das Ganze führte und wie es endete…

Wollen Sie es hören? Oder fürchten Sie sich davor?

Nun, der eine der beiden Männer hat die junge Frau angemacht.

Aber da hat er nicht mit dem Selbstbewusstsein dieser jungen Person gerechnet. Denn diese erklärte ihm geradewegs und unmissverständlich, dass sie nicht deswegen zu ihnen gekommen sei!

Und dann plauderten sie. Und sie ging mit den beiden Männern mit in die Wohnung des einen. Dort hörten sie Musik, tauschten sich weiter aus und hatten es sehr gut miteinander.

Dann ging die junge Frau nachhause. Sie hatte zwei gute Freunde gewonnen!

Wir erkennen aus dieser Geschichte, dass wir uns vor lauter Schauergeschichten davor fürchten, auf Menschen zuzugehen.

Woher kommt diese Angst, und wer schürt sie?

Wie viele spontane Treffen von Menschen führen zu Missbrauch, Entführung oder anderen Delikten?

***

Nein, dieses Büchlein übernimmt nicht die Verantwortung dafür, dass es immer zu Freundschaften kommt, wenn man sich mit fremden Menschen einlässt.

Aber wenn wir Menschen uns besser verstehen und friedlicher zusammenleben wollen, dann geht das nur, indem wir Gemeinsamkeiten suchen. Gemeinsamkeiten findet man, indem man aufeinander zugeht, nicht, indem man sich von all dem fürchtet, was einem zustossen und widerfahren könnte, wenn man sich auf fremde Menschen einlässt.

Ja, wir haben es hier mit der Aufgabe zu tun, Ängste zu überwinden. Das ist eine schwere und herausfordernde Aufgabe. Aber es ist der einzige Weg, all das Unwissen und all die Unsicherheiten in Bezug auf unsere Mitmenschen auf diesem Erdenrund zu überwinden. Und indem wir es wagen, uns auf etwas Fremdes und Andersartiges einzulassen, verbinden wir uns womöglich mit dem, was uns hilft, glücklich zu werden. Denn es sind die Gegensätze, die uns abstossen. Aber wenn wir uns mit ihnen verbinden, dann helfen sie uns, eine Hürde zu überwinden. Dies führt zu Ganzheitlichkeit und Erfüllung.

Es dürfte viel einfacher sein, sich auf Fremde einzulassen, wenn man nicht allein ist.

Hätten die beiden Kollegen der jungen Frau ihre Einwilligung gegeben, dann hätten drei junge Leute mit zwei älteren Männern am Seeufer ein Bier getrunken und miteinander einen tiefgreifenden Erfahrungsaustausch erleben können.

Da aber die beiden Kollegen von ihren Vorurteilen abgehalten wurden, haben sie nicht nur ihre Kollegin einem gewissen Restrisiko ausgesetzt. Nein, sie haben auch selbst eine Chance vergeben.

Nun, manche Menschen sind andern gegenüber offener. Das ist ihr Glück. Die übrigen werden weiterhin nachdem suchen, was ihr Leben zu erfüllen vermag. Ob sie es finden werden, wenn ihnen Ängste und Vorurteile ständig im Weg stehen?

***

Ein guter Freund gibt uns den Mut und die Kraft, Neues zu entdecken und zu erleben. Das kann unser Leben verändern.

Wie wäre es, wenn wir der gute Freund wären, der anderen dabei hilft, die Welt zu erfahren und zu erkennen?

Damit wir in die Lage kommen, Freund zu werden, soll dieses Büchlein geschrieben werden.

Wir fühlen bereits jetzt, dass es dabei um vielerlei diffuse Ängste und Hindernissen in unserem Selbst geht.

Indem wir uns diesbezüglich besser kennenlernen und auch einigermassen nachvollziehen können, weshalb wir so handeln, wie wir es gewohnt sind, wollen wir uns hier Kapitel für Kapitel vorwärtsarbeiten, auf dass daraus etwas entstehen mag, was zu Verbundenheit und Freundschaft führt. Denn das wäre das, worum es im Leben geht: Es geht darum, das Leben in den Freuden einer Freundschaft leben zu dürfen. Das ist viel besser und viel wertvoller, als allein durch den Alltag gehen zu

9

müssen, und dabei potenzielle Freunde aufgrund von fremden Vorurteilen gleich im Vornherein aus unserem Leben auszuschliessen.

Es ist die Verbundenheit, die uns stark und eins macht. Alles andere führt zu Zerrüttung, Unsicherheit und Angst. Und Angst, das wissen wir nur zu gut, lässt alles absterben, was mit Freude und Glück zu tun hat.

Also machen wir uns auf den Weg. Versuchen wir zu erkennen, warum wir uns vor Freundschaft und Verbundenheit unbewusst fürchten und sie dennoch überall suchen. Und versuchen wir den Auftrag zu erkennen, der uns dadurch gegeben ist.

Wir starten, indem wir uns um das Sein und das Werden an sich kümmern. Denn ohne diese beiden kann es uns nicht geben. Und wenn es uns nicht gibt, dann gibt es auch alles andere nicht; alles, was ist, kann nur bestehen, weil es in all den Einzelteilen lebt, die es ausmachen. Und wir sind einer dieser Einzelteile…

2 Das Werden an sich

Wer einen Garten hat, der weiss aus Erfahrung, dass viele Pflanzen besser gedeihen, wenn sie gute Nachbarn haben.

Das ist bei uns Menschen auch so. Ohne uns dessen bewusst zu sein, geben wir unseren Nachbarn und bekommen wir.

Das kann ein Stück Kuchen sein, ein Geburtstagsgruss oder ein Besuch, wenn wir krank sind. Es könnte sich aber auch um Dinge handeln, die unsichtbar sind. So kann ein guter Nachbar zum Beispiel das Gefühl von Sicherheit vermitteln. Er kann uns auch das Gefühl des Alleinseins nehmen. Und es kann gut sein, dass er uns über seine guten Energien, die er mit sich trägt und ausstrahlt, hilft.

Ja, es geht hier um die schwer fassbare Tatsache, dass alles in unserem Umfeld seine Wirkung hat und uns darum beeinflusst. Diese Beeinflussung erfolgt meist unbewusst. Und dennoch könnten wir sie problemlos wahrnehmen, wenn wir darauf achten würden. Denn wenn wir am Abend nachhause kommen und bei unserem Nachbarn Licht brennt, dann hat das seine Wirkung auf uns. Wir fühlen uns dann nicht so allein, weil wir wissen, dass da jemand in der Nähe wäre, für den Fall, dass…

Und so leben wir vor uns hin und wissen zwar, dass es Dinge um uns gibt, die uns beeinflussen dürften.

Aber wir wissen nicht, was genau uns wie beeinflusst. Und wir haben auch keine Ahnung, was diese Beeinflussung bewirkt und welche Folgen sie hat.

Wenn wir leben, dann vegetieren wir nicht nur. Nein, wir werden auch zu etwas. Je nach äusseren Einflüssen, die uns umgeben, werden wir zu etwas anderem. Wenn wir uns mit vielen positiven Einflüssen verbinden, dann werden wir mit Bestimmtheit zu etwas und jemand anderem, als wenn wir uns mit negativen Einflüssen oder gar nicht verbinden.

Und so erkennen wir, dass unser Werden kein Zufall ist. Und wir erkennen auch, dass wir das, was wir werden möchten, selbst beeinflussen können.

Wir können auch das Werden unserer Mitmenschen beeinflussen. Wenn wir unseren Nachbarn ab und zu einen Freundschaftsdienst erweisen, dann gestaltet sich ihr Leben ganz leicht anders, als wenn wir anonym an ihrer Seite leben. Und wenn wir unseren Kindern ermöglichen, mit einem Haustier zusammen zu leben, dann werden auch sie zu etwas anderem, als wenn wir sie mit dem Bildschirm allein lassen.

Unser Werden ist also keine Blackbox, in der irgendetwas geschieht, was dann ausgespuckt wird, wenn es fertig ist. Es ist viel mehr das Resultat der Einflüsse auf uns über eine lange Zeit. Und je nachdem, wie wir mit diesen Einflüssen interagieren, bestimmen wir unser Werden mit. Zuerst unbewusst. Spätestens dann aber, wenn wir Bücher wie dieses hier gelesen haben, merken wir, dass wir viel mehr Einfluss auf unser Werden haben, als dass wir je gedacht hätten.

Ja, über Verbindung und Freundschaft können wir unser Umfeld positiv beeinflussen. Und das können wir überall. Wir müssen es nur wollen. Denn wo ein Wille ist, ist auch ein Weg. Und es gibt unzählige Wege, die zu Freundschaft führen können. Und es gibt auch unzählige Arten von Freundschaften. Und es gibt noch viel mehr verschiedene Freunde.

Unser Umgang bestimmt unser Werden und somit das, was wir sind, stark. Wenn wir zufrieden sind, dann liegt das sicher auch daran, dass wir einen guten Umgang haben. Wenn wir unzufrieden sind, dann sollten wir uns mal überlegen, wie wir mit wem umgehen.

Könnte es sein, dass wir unfreundlich sind und daher keine Freunde haben? Oder könnte es andersrum sein? Nämlich dass wir der Freund sind, der von den andern ausgenutzt wird und nichts zurückerhält?

Indem wir unseren Umgang genauer beobachten, wird es uns möglich, auf unser Werden Einfluss zu nehmen. Denn wenn wir einen falschen Freund haben, der uns zwar immer wieder laut und deutlich klarzumachen versucht, wie wichtig wir für ihn seien und wie sehr er uns mag, der aber selbst nicht da ist, wenn wir ihn brauchen, und der uns immer nur braucht, um selbst zu seinem Vorteil zu kommen, dann sind wir womöglich besser dran, wenn wir dieser irrtümlichen Verbindung ein Ende setzen. Denn so etwas ist keine Freundschaft. Das ist nichts anderes als eine negative, externe Verbindung, die uns das nimmt, was wir selbst nötig hätten, und uns nichts von dem gibt, was wir brauchen würden.

Oft sind es unsere Nächsten, die nur nehmen, ohne zurückzugeben. Und wir merken es nicht mal, weil wir zu etwas geworden sind, das sich daran gewöhnt hat, immer nur zu geben.

Wundert es da, dass wir leer und unglücklich sind?

Und weil wir das geworden sind, was wir sind, und weil wir dabei beeinflusst wurden, sollten wir mal zurückblicken und genau untersuchen, was uns wie geformt hat. Nicht, damit wir nachher jemandem die Schuld dafür in die Schuhe schieben können, was wir geworden sind. Nein, wir wollen es tun, um uns selbst besser verstehen zu lernen. Denn wenn wir uns besser verstehen, können wir uns auch leichter verändern. Dies geht am einfachsten, indem wir bestehende Verbindungen optimieren, alte und negativ gewordene Verbindungen trennen und neue Verbindungen eingehen. Aber dazu später.

Vorerst wollen wir uns mal um die Verbindungen und somit um die Einflüsse kümmern, die uns in unserem Werden wohl am meisten geprägt haben. Es ist dies die Verbindung zu unserer Mutter und zu unserem Vater. Und dabei müssen wir wissen, dass nicht immer unsere leiblichen Eltern auch die Rolle ausgeübt haben, die einer Mutter oder einem Vater zugeordnet werden. Sehr oft wirken auch andere Menschen teilweise oder ganz als Schutzbefohlener und haben über die Verbindung, die über die Funktion eines Erziehers oder Betreuers entsteht, ihren Einfluss auf uns.

So wie die Leute waren, die uns beeinflusst haben, sind wir geworden. Wir verstehen uns also besser, wenn wir die Leute besser verstehen, unter deren Einfluss wir werden durften.

3 Unsere Mutter

Wie war unsere Mutter? War sie lustig und fröhlich oder eher zaghaft und ängstlich? War sie ernst und streng, oder aufmunternd und positiv verstärkend? Waren wir ihr wichtig oder eher gleichgültig? Hat sie uns Raum zur Selbstentfaltung gelassen oder hat sie uns mit ihrem einnehmenden Wesen fast erdrückt?

Wenn wir heute in bestimmten Bereichen und in bestimmten Situationen Schwierigkeiten bekunden, dann dürfte dies sehr oft daher rühren, dass wir unbewusst so geprägt wurden.

Wie viele Stunden verbringen wir in der Nähe unserer Mutter? Wie fühlt und wie denkt sie? Wie fühlen und wie denken wir?

Haben wir mal eine Zeit lang in unserem Leben völlig abgeschnitten von unserer Mutter gelebt, oder war sie immer da?

Haben wir ihre Glaubensmuster und Handlungsgrundsätze übernommen und beibehalten, oder sind wir unseren eigenen Weg gegangen?

Welche positiven Eigenschaften durften wir übernehmen? Welche negativen Eigenschaften haben wir übernommen, die wir wohl besser ablegen würden?

Wir sehen, dass die Beziehung mit unserer Mutter sehr stark auf uns gewirkt hat und noch immer unbewusst in uns weiterwirkt. Dessen müssen wir uns bewusst sein, wenn wir unseren Weg gehen wollen. Denn diese Prägung, die wir von klein an erhalten haben, wirkt ständig auf unser Sein und wird dies auch bis ans Ende unseres Lebens tun, wenn wir uns ihrer nicht bewusstwerden.

Besonders im Bereich unserer Emotionen ist der Einfluss unserer Mutter sehr stark. Wenn unsere Mutter sehr ängstlich war, dann haben auch wir mit Sicherheit unbewusste Muster des Angstempfindens übernommen. Diese hemmen uns und stehen uns im Weg. Aber wenn wir sie überwinden lernen, dann helfen sie uns ungemein, um positiv weiterzukommen.

Wir müssen eines wissen: Es ist kein Zufall, dass wir gerade von den Eltern zur Welt gebracht worden sind, die wir haben! Wir hätten keine besseren Eltern haben können, um uns zu prägen. Denn das Setting, das wir über unsere Eltern mit auf unseren Weg bekommen haben, hilft uns, unsere Lebensaufgabe zu meistern und das zu werden, was wir sein möchten, WENN wir die positiv wirkenden Anteile dieser Prägung bewusst erkennen lernen und die negativ wirkenden Anteile zu überwinden lernen.

Diese Aufgabe können wir viel einfacher meistern, wenn wir gute Freunde an unserer Seite haben. Denn wir müssen wissen, dass uns unsere Eltern zwar sehr nahestehen und wir ihnen auch sehr vieles verdanken.

Aber es sind nicht unsere Freunde. Sie hatten eine andere Aufgabe, als unsere Freunde zu sein. Das dürfen wir niemals vergessen. Und darum wäre es falsch von uns, ihnen Vorwürfe zu machen. Denn sie haben uns gegenüber viele Verpflichtungen und Aufgaben übernommen und getragen. Das war nicht immer einfach für sie. Denn auch sie sind nur Menschen und keine Übermenschen. Auch sie hatten und haben mit ihren Problemen und Herausforderungen zu kämpfen. Viele davon haben wir als ihr Kind mitgeprägt oder gar herbeigeführt.

Also: Unsere Eltern sind nicht unsere Freunde, sie sind unsere Eltern und somit unsere Erzieher. Wenn sie dies freundschaftlich und liebevoll tun oder taten, dann umso schöner. Aber es steht uns nicht zu, sie für das, was war zu verurteilen. Wir sollten unsere Eltern ehren, indem wir das wertschätzen und zur Blüte bringen, was wir von ihnen mit auf unseren Weg erhalten haben. Und nichts davon ist negativ – sofern es uns gelingt, die richtige Perspektive dazu einzunehmen.

Wenn unsere Mutter in unserer Prägung eher den weiblichen Teil eingenommen hat, so dass dadurch unsere Gefühlswelt und unser Empfinden beeinflusst wurden, so dürfte unser Vater eher den männlichen Teil in uns beeinflusst haben. Es geht da um unser Denken und unseren Verstand.

Natürlich ist das nur plakativ und schemenhaft zu verstehen. Denn eine alleinerziehende Mutter kann über ihren männlichen Anteil in sich genau so auf uns wirken, wie dies ein Vater tut. Und selbst ein Vater, der nicht da war, hat uns geprägt; eben dadurch, dass er nicht da war…

Verlassen wir hier also unsere Mutter als prägende Person. Und nehmen wir mit, dass sie uns vor allem im unbewussten Bereich vieles mitgegeben hat, was wir entdecken und verarbeiten dürfen. Das gelingt uns besser und schneller, wenn wir eine gute Verbindung zu unserer Mutter herstellen. Denn je besser wir uns in sie hineinfühlen können, je besser können wir sie in ihrem Wesen erkennen und verstehen. Und das hilft uns, uns selbst besser kennen zu lernen, was wiederum die Basis ist, um unser Sein so zu entwickeln, wie wir es gerne hätten. Aber uns verändern, das können nur wir selbst. Darum ist es müssig zu denken: «Wenn meine Mutter mich damals anders erzogen, behandelt oder mehr geliebt hätte, dann…!» Nein, wir wollen jemanden nicht in der Vergangenheit festnageln. Denn was vorbei ist, ist vorbei. Man kann es nicht mehr ändern. Darum wäre es unfair, wenn wir dennoch darauf bestehen würden. Vielmehr wollen wir dankbar sein, für das, was wir alles erhalten haben. Und selbst wenn dies nicht sehr viel sein dürfen, so sollten wir uns dennoch bewusst sein, dass unsere Eltern uns zumindest unser Leben geschenkt haben.

Leider muss der Autor hier seine Leserinnen und Leser jetzt mit ihrer Mutter und der persönlichen Auseinandersetzung mit ihr und der von ihr ausgehenden Prägung allein lassen. Es geht nicht anders. Es kann nur jeder für sich selbst seine Beziehung und damit die Verbindung zu seiner Mutter durchgehen und seine Vorteile und Lehren daraus ziehen. Denn diese Verbindung greift tief und ist äusserst intim. Und es dürften Dinge ins Bewusstsein treten, für die wir lange Zeit blind waren. Aber dann, wenn wir sie erkennen und ins richtige Licht rücken konnten, werden sie ihre positive Wirkung entfalten…

Und was wäre ein Kapitel über unsere Mutter, wenn nicht auch noch ein Kapitel über unsere Verbindung zu unserem Vater folgen würde?

4 Unser Vater

An was erinnern wir uns, wenn wir an unsere Kindheit und an unseren Vater denken?

Steigen da positive Gefühle in uns empor, oder erfahren wir eher eine Bedrücktheit, oder gar Ärger oder Wut?

Unser Vater war da, oder nicht da. Entweder hat er zum Lebensunterhalt der Familie beigetragen, oder er tat es nicht. Vielleicht hat er uns zu Bett gebracht und uns Geschichten erzählt oder vorgesungen. Oder aber er hatte anderes zu tun und überliess diese Aufgabe seiner Frau, weil er «Besseres» zu tun hatte…

Wer war und wer ist unser Vater?

Und welches Selbstbild hat er in uns erwachsen lassen?

Hat er uns Sicherheit gegeben, oder hatten wir eher das Gefühl, dass wir es ihm nicht rechtmachen konnten?

War er oberflächlich und meistens anderswo, oder durften wir mit unseren Sorgen und Nöten zu ihm gehen und von ihm eine andere Sichtweise hören, als dass wir sie von unserer Mutter erhalten haben?

Nein, unser Vater hat nicht in gleicher Art auf unsere Kindheitsprägung eingewirkt wie unsere Mutter.

Weil wir auch nicht die gleiche Verbindung zu ihm hatten, wie wir sie zu unserer Mutter hatten.

Wenn Kinder Angst empfinden oder andere emotionale Nöte durchmachen, dann suchen sie sehr häufig eher die Nähe zu ihrer Mutter. Hingegen wenn sie Bestätigung, Anerkennung, Rat oder eine Entscheidungsgrundlage suchen, dann ist ihnen ihr Vater lieber – sofern sie eine gute Beziehung zu ihm haben.

Das ist normal, muss aber nicht immer so sein. Denn jeder Vater ist anders. Aber in unserer Gesellschaft gelten eben viele geschriebene und ungeschriebene Gesetze. Und dadurch werden nicht nur wir, sondern auch die Rollen, die wir in unserem Leben einnehmen, geprägt.

Und wenn wir uns in unserem Sein eine Ausgangslage erschaffen wollen, um darauf aufzubauen und weiterzukommen, dann stehen wir eben auch vor der Herausforderung, unsere Beziehung und unsere Verbindungen mit unserem Vater zu untersuchen und zu verstehen.

Dann, wenn wir dort innerlichen Frieden finden konnten, wo wir ihm Vorwürfe gemacht haben, kommen wir weiter. Und wenn wir die positiven Eigenschaften finden und wertschätzen lernen durften, die wir von ihm erhalten haben, werden wir selbstsicherer und selbstbewusster werden.

Viele unserer inneren Konflikte haben ihren Ursprung in unserer Beziehung zu unseren Eltern. Und diese Konflikte können wir nur ablegen, wenn wir uns mit unserer Beziehung zu unseren Eltern auseinandersetzen. Nur so gelingt es uns, nach und nach zu verstehen, warum wir in bestimmten Situation auf eine ganz bestimmte Weise fühlen und handeln. Und wir verstehen womöglich auch, warum wir Blockaden in uns tragen, oder warum wir psychische oder physische Probleme ertragen müssen. Wir ertragen sie, damit wir uns bewusstwerden, dass es da etwas zu erkennen und aufzuarbeiten gilt. Und wenn wir diese Aufgabe annehmen und lösen, dann wird der Schmerz, das Leid oder das Unwohlsein gehen. Und es werden neue Herausforderungen aus unserem Unterbewusstsein zum Vorschein kommen, derer wir uns annehmen dürfen.

Denn eines müssen wir wissen: Es sind nicht nur unsere Eltern, die uns prägen. Nein, auch unsere Familie in ihrem weitergefassten Umfang wirkt auf uns. Und vor uns haben in dieser Familie unsere Ahnen gelebt. Und auch diese hatten ihre Wirkung auf unsere Eltern, und diese hatten ihre Wirkung auf uns. Und so geben Eltern sehr oft unbewusst nur das weiter, was sie selbst unbewusst von ihren Vorfahren erhalten haben.

Wenn wir in Verbundenheit zu sein wünschen, dann müssen wir wohl zuerst Ordnung in die

Verbindungen bringen, die uns zu dem werden liessen, was wir sind. Das ist eine lange und herausfordernde Aufgabe. Aber wir können sie problemlos lösen. Denn wir haben genug Zeit dazu. Und wir dürfen darauf vertrauen, dass immer nur das zum Vorschein kommt, wofür die Zeit gerade reif ist. Es treten also immer nur die Herausforderungen aus unserem Unterbewusstsein in unser aktuelles Leben hervor, die wir jetzt zu lösen imstande sind.

Und wenn wir diese Herausforderung eine nach dem andern lösen, dann werden wir vieles lernen und erfahren. Und eine der wichtigsten Erkenntnisse davon wird sein, dass alles eins ist…

5 Alles ist eins

Dann, wenn wir mit allem in Verbundenheit und Einklang leben, empfinden wir Geborgenheit und Wohlbefinden.

Als kleines Kind leben wir in einer kleinen, begrenzten und überschaubaren Welt. In dieser Welt ist es einfacher, sich mit allem in positiver Weise zu verbinden. Denn abgesehen von unserer Familie und unseren Freunden aus der Nachbarschaft gibt es wenig, was störend in unser Leben treten könnte. Und wenn wir uns in die Gepflogenheiten unserer Familie einfügen, was uns leichtfällt, weil wir ja nach ihnen geprägt werden und nichts anderes kennen, so erfahren wir Harmonie. Und wenn es mit einem Spielkameraden zu einer Auseinandersetzung kommt, dann ist das nicht so schlimm, weil wir ja nicht gezwungen sind, auch am nächsten Tag wieder mit demselben Kameraden zu spielen.

Wenn wir aber älter werden, dann erweitert sich unser Umfeld. Und auch unsere Interaktionen mit unseren Mitmenschen und der Gesellschaft nehmen in ihrem Umfang und ihrer Intensität zu.

Das fordert uns heraus. Das kann uns stressen, oder gar an den Rand der Verzweiflung bringen!

Aber es lässt uns auch stark werden und wachsen.

Und wenn wir in die Pubertät eintreten, dann stellt sich in uns eine Veränderung ein. Diese Veränderung bewirkt, dass wir all das, womit wir als Kind verbunden waren, zu hinterfragen beginnen. Und das Resultat davon ist, dass wir uns von fast allem trennen, was wir hatten; sogar von unseren Eltern.

Ja, das Leben sieht für jede und jeden von uns diesen Weg vor: Wir trennen uns unbewusst und ungewollt von allem Bisherigen, weil wir so dazu gezwungen werden, unseren eigenen Weg zu gehen. Dem ist so, weil nur unser eigener Weg uns zu unserer Lebensaufgabe und zu unserem Glück führen kann.

Aber unbewusst bleibt in uns ein Konflikt zurück. Es ist der Konflikt der Trennung. Denn wenn wir uns von allem Bisherigen trennen, dann verlieren wir auch all unsere Anbindung und unsere Sicherheit.

Zwar können wir vieles davon über neue Freundschaften und Verbindungen kompensieren. Auch können wir uns über all das Neue, was da in unser Leben tritt, ablenken. Aber irgendwie vermissen wir unterbewusst eben doch die Wärme und Geborgenheit, die uns die Verbindungen vermittelt haben, die wir abgebrochen haben.

Und dann tritt unser Ego einmal mehr auf den Plan und nutzt die Situation zu seinen Gunsten aus! Es versucht uns auf diffuse und unscheinbare Weise einzureden, dass wir selbst schuld daran seien, dass wir die Verbindung zu unseren Eltern und unserer

Kindheit herbeigeführt hätten. Und auch, dass WIR die SCHULD dafür zu tragen hätten.

Und so kommt es, dass etwas unbewusst in uns gärt und arbeitet. Es handelt sich dabei um die Trennung, die wir in unserem Leben auf Schritt und Tritt mit uns tragen. Und diese breitet sich immer mehr aus. Und sie schadet uns und macht uns geistig und körperlich krank. Sie wuchert in unserem Unterbewusstsein wie ein Tumor.

Diese Trennung, und die damit einhergehenden Folgen wirken in jeder und jedem von uns. Und sie können so weit führen, dass wir sogar unsere Beziehung mit der Schöpfung infrage stellen. Denn irgendjemand muss ja Schuld sein für unser Leid!

Dass wir selbst die Trennung herbeigeführt haben, und dies zu unseren Gunsten, das können wir uns in diesem Moment nicht bewusstwerden. Denn unser Ego achtet darauf, dass wir nicht erkennen können, wie die Dinge wirklich sind.

Und so kämpfen wir uns allein durch unser Leben und denken, dass wir auf unserer Suche nach dem, was wir suchen, aber nicht wissen, was es ist, weiterkommen würden, indem wir möglichst viel raffen und nehmen. Denn es verlangt uns nach Sicherheit und Geborgenheit. Und weil wir in Trennung leben und so nicht über unsere inneren Welten zu der Fülle gelangen können, nach der wir uns sehnen, versuchen wir über Materielles unseren

Mangel zu beheben. Und wir tun dies so lange, bis wir des Materiellen überdrüssig werden.

Dann, wenn das Essen beim Kauen zu Asche wird, und das gekaufte Vergnügen sich in Langeweile verliert, werden wir uns nicht mehr weiter über Äusserlichkeiten ablenken können. Und wir werden uns immer mehr bewusst, dass da etwas ist, was uns dabei hemmt, ein glückliches Leben zu führen.

Und dann, wenn der Leidensdruck gross genug ist, kann es sein, dass wir unseren Weg zu gehen beginnen. Zum Beispiel, indem wir ein Büchlein wie dieses hier lesen…

Aber eigentlich geht es nur darum zu erkennen, dass alles eins ist. Denn wer das erkennt, der erkennt auch, dass es die Trennung, die wir in unserer Pubertät vermeintlich selbst herbeigeführt und verschuldet haben, gar nie gegeben hat.

Wir haben nur unsere Eltern und unser bekanntes Umfeld losgelassen, um unseren eigenen Weg gehen zu können. Und die Verbindungen mit dem, was wir hatten, haben wir nicht getrennt, sondern nur gelockert; auf, dass wir uns entfalten können!

Wer erkennt, dass man Verbundenheit niemals gänzlich auflösen kann, der ist in der Lage, Verbundenheit einzugehen.

Denn es braucht dazu nur die Erkenntnis, dass alles ohnehin miteinander verbunden ist.

Alles, was lebt, kann nur existieren, weil es eingebunden ist in all das, was einander hilft, dass alles am Leben bleiben kann.

Wir denken in unserer Grösse von Kleinheit, dass wir ein eigenständiges Individuum seien, das alleine durchs Leben geht und auch alleine zurechtkommt. Aber dies ist ein riesiger Irrtum!

Wie lange überleben wir, wenn nichts mehr um uns herum ist – nicht einmal mehr Luft!?

Und weil alles, was da ist, füreinander da ist und einander hilft fortzubestehen, dürfen wir uns in diese Verbundenheit hineingeben. Auch mit unseren Gefühlen und unserem Verstand.

Und indem wir dies tun, geben wir uns die Möglichkeit, diesen Urkonflikt in uns zu heilen, der über das Gefühl der Trennung entstanden ist, als wir begonnen haben, unseren eigenen Weg zu gehen.

Wenn wir jetzt mehr über Trennung und Verbundenheit erfahren haben, so wollen wir im nächsten Kapitel doch noch genauer hinschauen, wie denn Trennung genau wirkt. Denn indem wir das wissen, gelingt es uns einfacher, uns wieder zu verbinden.

6 Trennung

Alles ist Energie. Aber Energie kann nur wirken, wenn sie fliessen kann.

Fliessen tut sie über Verbindungen. Positive Energie fliesst über positive Verbindungen. Negative Energie fliesst über negative Verbindungen.

Wenn wir uns positiv mit etwas verbinden, dann kann Energie fliessen und beide Teile auffüllen. Dies führt zu Harmonie.

Wenn wir uns negativ mit etwas verbinden, dann fliesst Energie nur in eine Richtung. Es gibt so einen Gewinner und einen Verlierer. Der eine hat am Schluss mehr als der andere.

Unsere Eltern geben uns sehr viel Energie, wenn wir klein sind. Darum ist es auch so anstrengend, Mutter oder Vater zu sein. Und es ist auch sehr anstrengend, Erzieher zu sein – genau so wie es auch anstrengend ist, Pfleger zu sein. Denn…

Menschen machen müde!

Wer sich um das Wohl anderer kümmert, der gibt viel Energie in Form von Liebe, Verantwortung und Fürsorge weg, auf dass jemand anderes dadurch wachsen oder wieder gesund werden kann.

In der heutigen Zeit aber leiden fast alle Menschen an einem Mangel an Energie. Dies führt dazu, dass viele

Eltern lieber arbeiten gehen und für die Fremdbetreuung ihrer Kinder bezahlen, als dass sie selbst ihre Kinder betreuen würden. Denn wer an Energiemangel leidet, der erträgt es fast nicht, wenn er aufgrund seiner Funktion als Elternteil ständig Energie weitergeben muss.

Aber so wird das Problem nur weitergereicht. Denn auch die Lehrpersonen leiden an Energiemangel. Und wenn Kinder nicht von ihren Eltern erhalten, dann ziehen sie eben Energie von denen, die sich an Stelle ihrer Eltern um sie kümmern sollen. Die Folge davon ist der Lehrermangel, den wir fast in allen westlichen Ländern zu verzeichnen haben.

Und weil Kinder, die unter Energiemangel aufwachsen, weniger resilient und weniger psychisch stark werden, finden immer mehr Menschen den Weg ins Gesundheitswesen, das ebenfalls unter allgemeinem Energiemangel leidet. Und so wird aus einem Gesundheitswesen ein krankes Wesen.

Ja. Ein Teil unserer Gesellschaft krankt, weil dort nur noch genommen und nicht mehr gegeben wird.

Es fehlt an positiven Verbindungen und dem Willen dazu, dass diese Verbindungen aufgebaut werden könnten.

Freundlichkeit und Anstand sind in der Lage, genügend Energie entstehen zu lassen, so dass der allgemeine Energiemangel gestillt werden könnte.

Aber es fehlen das Wissen und die Bereitschaft, freundliche, positive Verbindungen eingehen zu können. (siehe auch das Büchlein *«Glücklich leben Band 1: Freundlichkeit und Anstand; Wie uns freundlicher und guter Umgang die Türen öffnet»*)

Stattdessen entstehen über Mangel und das ständige Nehmen, das unser Wirtschaftssystem als Grundlage seines Bestehens nutzt, dass fast nur noch negative Verbindungen geschaffen werden. Und weil negative Verbindungen Energie rauben, werden sie getrennt, wodurch sich die Trennung dann auch erklären lässt.

Freundschaft entsteht durch Freundlichkeit. Und Anstand ist die Grundlage, damit Freundlichkeit überhaupt stattfinden kann.

Was aber läuft in unserer Gesellschaft?

Der Individualismus greift so stark um sich, dass aus ihm Egoismus entsteht. Und Egoismus ist der Feind von Freundlichkeit und Anstand. Denn der Egoist akzeptiert keinerlei Einschränkungen. Und so bekämpf unser Ego über unser Verhalten alle Normen, alle Tugenden und jegliche Moral. Und all das nur, um seine Macht über uns selbst auszubauen und die Trennung aufrecht zu erhalten, die uns so sehr isoliert und daher leiden lässt.

Wie einfach wäre es doch, alles besser zu machen!

Wohl auch deshalb gibt es das Büchlein *«Richtig (v)erziehen – Warum lieb sein zu Kindern böse ist»*.

Natürlich wirkt Trennung noch viel umfassender. Und sie wirkt auch viel negativer, als dass wir uns dessen bewusst sind. Denn Trennung wirkt negativ auf unser ganzes Energiesystem.

Erst, wenn wir erfahren durften, wie angenehm es sich anfühlt, in einem intakten, energetisch harmonierenden Körper zu leben, werden wir erkennen, warum wir gelitten haben. Dies dürfte auch den Erfolg des meistverkauften Büchleins des Verlages denkmalnach.ch erklären. Es handelt sich dabei um *«Heilen – Ein Crashkurs in energetischem Heilen»*.

Und weil in diesem Büchlein und den dazu gehörenden Erweiterungen *Heilen 2 bis 6* fast alles über Energiemangel, negative Verbindungen, Trennung und deren Wirkungen insgesamt zu lesen ist, lassen wir es hier auch mit dem Verweis auf diese Werke bewenden.

Wir gehen weiter und kommen so zu der Frage, wie wir Verbindungen aufbauen können, damit unser Energienetz wächst und so positive Energien fliessen und einander unterhalten können.

7 Wiederaufbau der Verbindung

Eigentlich wäre es ganz einfach, sich mit anderen Lebewesen und Dingen auf positive Weise zu verbinden. Aber etwas steht uns im Weg.

Es ist die Hast und die Unruhe, die uns jeden Tag von A nach B rennen lässt, ohne dass für uns etwas dabei herausschauen würde. Wir leben in einer Mühle, die uns ständig umherschüttelt, so dass wir nicht zur Ruhe kommen können. Aber wenn wir am Abend durchgeschüttelt zu Bett gehen, dann können wir uns auch da nicht erholen. Denn in unserem Geist malen die Mühlen weiter: Gefühle und Gedanken dreschen unkontrolliert auf uns ein und hindern uns am Einschlafen. Und so erwachen wir nach einer wenig erholsamen Nacht, um wieder in die Mühlen des Alltags einzutreten.

Es gibt ganz klar Möglichkeiten und Mittel, aus diesem Teufelskreis der Unruhe auszusteigen. Und es lohnt sich auch, diesen Weg anzustreben. Denn ständige Unruhe macht uns müde und mit der Zeit auch krank. Dies rührt in erster Linie daher, dass wir gestresst sind, wenn wir in ständiger Unruhe leben. Und wer gestresst ist, der fängt an, sich vermeintlich zu schützen, indem er anfängt, sich gegen aussen hin abzugrenzen. Aber dadurch führen wir Trennung herbei. Und so treiben wir uns selbst in einen Energiemangel, der unseren Stress auf seine Art weiter anwachsen lässt.

Dabei wäre es so einfach, uns wieder zu verbinden!

Aber wenn man das gestressten Leuten erzählt, dann glauben sie einem nicht.

Das ist tragisch, aber logisch. Denn ein gestresster Mensch schützt sich, indem er alles von ihm fernhält, was ihn bedrohen und somit weiter stressen könnte. Und so hält er auch die Dinge von sich fern, die ihm helfen könnten.

Natürlich ist es das Ego im gestressten Menschen, das auch die positiven Veränderungsansätze fernhält, so dass keine Besserung zustande kommen kann.

Wer also über sein Ego Bescheid weiss, der hat bessere Chancen, eine Veränderung herbeizuführen. Daher auch das Büchlein *«Der Antichrist – Der Versuch über unser Ego den Teufel zu erklären»*.

Aber wir wollen hier nicht in die Wirkungstiefen unseres Egos eintauchen, sondern kurz aufzeigen, wie wir Verbindung wieder herstellen können.

Das Zauberwort heisst **Achtung**.

Indem wir den Dingen, die wir in unserem Alltag antreffen, **Beachtung** schenken, nehmen wir sie wahr und geben ihnen die Möglichkeit, positiv auf uns einzuwirken. Wir werden dadurch **achtsam**. Und **Achtsamkeit** führt dazu, dass wir in die Lage kommen, uns zu verbinden.

Denn wie wollen wir uns mit einem möglichen neuen Freund verbinden, wenn wir ihm keine Beachtung schenken?

Und aus welchem Grund sollte sich jemand auf uns einlassen, wenn wir ihn nicht beachten?

Wer von der Wirkung von Achtsamkeit profitieren will, der muss zuerst an seiner Achtsamkeit arbeiten und diese aufbauen. Dies erfordert einerseits Ruhe, die wir uns über unseren Willen nehmen wollen müssen. Und dann müssen wir an unserer Fertigkeit des Beob**achtens** arbeiten. Denn nur wer beobachtet, kann Dinge wahrnehmen. Und wer achtsam wahrnimmt, der entwickelt eben seine Achtsamkeit.

Wer achtsam wird, der nimmt die Dinge nicht nur wahr im Sinne von erkennen. Er merkt mit der Zeit auch sehr schnell, wie etwas auf ihn wirkt.

Und wer jetzt achtsam durchs Leben geht, der nimmt dadurch Dinge war, die positiv auf ihn wirken, und Dinge, die negativen Einfluss ausüben.

Wer sich mit positiv wirkenden Dingen verbindet und sich von negativen Einflüssen fernhält, der beeinflusst dadurch sein Wohlbefinden in grossen Massen.

Und es wundert nicht, dass so die Energiereserven aufgefüllt und Stress abgebaut werden kann.

Wer über genügend Energie und Energiereserven verfügt, der denkt, fühlt und handelt viel effizienter und schneller als jemand, der immer mit Mangel und Müdigkeit zu kämpfen hat.

Und so kommt es, dass jemand, der über viel Energie verfügt, sich problemlos verbinden kann, was ihm noch mehr zusätzliche Energie verschafft.

Würden wir Menschen auf Erden alle so leben, dann hätten wir keinen Grund mehr, einander materiell oder energetisch zu bestehlen oder uns anderweitig zu schaden.

Die Folge davon wäre, dass es weniger Konflikte und somit auch weniger Leid auf unserer Welt gäbe.

Ja, das wäre möglich, wenn wir die Trennung überwinden, indem wir unsere Lebensführung leicht anpassen und achtsamer leben würden.

Um einen möglichen Einstieg in die Thematik der Achtsamkeit zu schaffen, gibt es das *«Arbeitsbuch des Beobachtens und Wahrnehmens – Lernen zu entdecken, zu erkennen und zu begreifen»*. Zusammen mit dem *«Arbeitsbuch der Wahrheit»* und *«Dem Arbeitsbuch der 7 Schlüssel»* bildet es die Serie *Arbeitsbücher der Achtsamkeit*.

Achtsamkeit führt nicht nur dazu, dass es uns selbst besser geht. Sie führt auch dazu, dass die Würde unserer Mitmenschen besser geachtet wird. Und was das alles Positives mit sich bringt, können wir im

Büchlein *«Menschenwürde – Wir spiegeln uns in denen um uns herum»* nachlesen.

Wenn Würde und Achtung über Verbindung und Freundschaft wirken können, dann stellen sich auch noch ganz andere Gesetzmässigkeiten ein. Wir sprechen hier von Tugenden, die uns charakterlich Wachsen und zu einem besseren Menschen werden lassen.

Je mehr hohe Werte wie Tugend, Ethik, Moral und Nächstenliebe in Mode kommen, je mehr stellt sich das ein, was aus Verbundenheit hervorgeht. Es ist dies Harmonie. Wie diese wirkt, und was sie uns bringt, lesen wir im nächsten Kapitel.

8 Harmonie

Wenn eine Beziehung harmoniert, dann deshalb, weil zwei Partner in der Mehrheit der Aspekte dieser Beziehung übereinstimmen und sich daher leicht verbinden können.

Was in Übereinstimmung verbunden ist, das kann von einem erhöhten Energielevel profitieren, das entsteht, wenn beide Teile geben. Wir sprechen hier von einer klassischen Win-Win-Situation.

Wenn sich Harmonie einstellen kann, dann wirkt diese rundum positiv. Denn es geht keine Energie aufgrund von Unstimmigkeiten, Problemen und Widrigkeiten verloren.

Wir haben es hier mit der stärksten Form des menschlichen Wirkens zu tun, nämlich der Kollaboration. Diese macht Dinge möglich, die andere für unmöglich halten.

Aber jede Harmonie geht irgendwann mal zu Ende. Das liegt nicht daran, dass sie fehlerhaft wäre.

Harmonien gehen zu Ende, weil es für den Menschen, solange er auf Erden lebt, nicht vorbestimmt ist, für immer ohne Auseinandersetzung und Herausforderung zu leben. Denn Harmonie führt zu einer Art Stillstand, weil sie die Gegensätze ausgleicht und so keine Interaktion mehr basierend auf dem dualen Prinzip möglich ist.

Und so dürfen wir uns nicht wundern, wenn eine Beziehung, eine gute Arbeitssituation oder das getraute Familienleben Veränderungen erfahren, die uns keineswegs behangen, weil dadurch die Harmonie gestört wird.

Wenn wir Harmonie dann zu schätzen wissen, wenn sie vorherrscht, und dann die Herausforderungen angehen, die sich einstellen, wenn die Harmonie sich wieder auflöst, dann kommen wir persönlich auf unserem Weg weiter.

Wer sich aber in der sich verflüchtigenden Harmonie verhaftet und diese nicht loslassen will, der wird unglücklich werden. Dies, weil die anderen Akteure, die innerhalb des harmonischen Systems mitgewirkt haben, sich von uns trennen, weil wir negativ auf sie wirken.

Wer festhält und nicht loslassen will, der fängt an, anderen Energie zu nehmen, anstatt zu geben.

Und so kommt es, dass jede Verbundenheit früher oder später Trennung erfährt, auf dass eine neue Verbundenheit auf einer höheren Stufe, oder mit etwas oder jemand anderem eingegangen werden kann.

Harmonie ist ein Zustand, der uns glücklich macht, bevor wir ihn mit unserem Verstand richtig erfasst haben. Dann, wenn wir Harmonie bewusst wahrnehmen, ist sie sich auch bereits wieder am Verflüchtigen.

Das liegt daran, dass unser Verstand immer auch unser Selbst mit in die Situation einbringt. Und unser Selbst ist verbunden mit Selbstvorteil und manchmal auch mit Egoismus.

Darum hat Harmonie immer auch etwas Unschuldiges und Reines. Denn sie ist der Ausdruck von Selbstlosigkeit und Nächstenliebe, die in einer Situation gemeinsam positiv wirken.

Und dann, wenn wir in der Situation zu schwelgen beginnen und unsere Vorteile daraus zu ziehen versuchen, ohne uns gross weiter zu bemühen und einzubringen, dann entweicht die Harmonie aus der Situation, so wie das Glänzen am Morgen aus dem Tautopfen entschwindet, wenn die Sonne höher steigt und stärker zu scheinen beginnt.

Wer Harmonie schätzt und sucht, der kann sie nicht bewusst herbeiführen. Er kann sie nur begünstigen. Und wir begünstigen sie, indem wir immer wieder die Bereitschaft dazu aufbringen, uns zu verbinden und so Freundschaft einzugehen mit dem, was ist.

Manchmal wird unsere Freundschaft angenommen. Und dann dürfen wir Harmonie erleben. Und manchmal wird unsere Freundschaft ausgeschlagen oder missbraucht. Dann dürfen wir zwar nicht geniessen, dafür für unser Leben lernen…

Wie dem auch sei. Manche Dinge können wir eben nicht selbst bestimmen. Wir können sie nur so nehmen, wie sie sind. Und manchmal führt eine Verbindung zu Harmonie, manchmal nicht.

Das, was zu Harmonie führt, ist das Glück der Verbundenheit.

Man könnte meinen, dass beides das Gleiche sei. Aber das ist es nicht. Warum nicht, das folgt im nächsten Kapitel.

9 Glück der Verbundenheit

Harmonie ist ein Zustand, der sich von selbst einstellt, dann, wenn wir uns verbinden.

Aber wir haben erfahren, dass Harmonie sich wieder verflüchtigt.

Wie aber kann man es anstellen, dass Harmonie länger bestehen bleibt und nicht ausklingt, so wie es die Schlussnote eines Liedes tut?

Wir können es mit Bewusstheit versuchen.

Denn wer sich bewusst ist, dass Verbundenheit zu etwas Wunderbarem führen kann, was nicht selbstverständlich ist, der verhält sich ganz anders als jemand, der von der Wirkung von Harmonie überrascht wird und dadurch womöglich überheblich und selbstherrlich wird.

Die Bewusstheit, dass Verbindung zu einer der höchsten Gefühlssituationen im menschlichen Leben führen kann, lässt uns achtsam, wertschätzend und dankbar werden. Und unter diesen Voraussetzungen fällt eine sich einstellende Harmonie weniger schnell den Mühlen des Alltags und unserer Selbstsucht zum Opfer.

All das hört sich logisch und relativ einfach an. Aber es ist wohl etwas vom Schwierigsten, was wir in unserem Leben anstreben können. Es ist, als würden wir versuchen, den Duft einer Rose einzufangen.

Aber wir wissen ja, dass der Duft der Rose nur erfahren, nicht besessen werden kann. Und diese Erkenntnis trägt das in sich, was wir brauchen, um das Glück der Verbundenheit wertschätzen zu dürfen und daran zu wachsen.

Wer es als ein grosses Glück ansieht, einen guten Freund zu haben, und wer dieses Glück nicht durch Selbstverständlichkeit aufs Spiel setzt, der hat gute Chancen, die Harmonie aufrecht erhalten zu dürfen und davon zu profitieren, dass er in ihr sein und wachsen darf.

Aber es werden andere kommen, die uns unser Glück der Verbundenheit nicht gönnen werden. Sie werden Zwietracht, Missgunst und Neid in unser Gefäss der Verbundenheit schütten und so unser Glück zu beenden versuchen. Und sie tun dies unbewusst, damit sie daran wachsen und uns ebenfalls eine Herausforderung oder Prüfung bescheren können.

Wenn wir dieser Prüfung mit Wertschätzung und Selbstlosigkeit begegnen, dann wird das Glück der Verbundenheit auf einer höheren Ebene weiterbestehen, selbst wenn im Hier und Jetzt ein momentanes Ende kommt.

Wenn wir aber das Glück festzuhalten versuchen, dann werden wir uns in Intrigen und zwischenmenschlichen Auseinandersetzungen verstricken und von unserm Weg abkommen. Und dann wird aus dem Glück der Verbundenheit das, was auch aus Harmonie wird: eine Erfahrung, aus der wir lernen können; auf, dass wir beim nächsten Mal bessere Chancen haben, über Wertschätzung, Dankbarkeit und Nächstenliebe unser Glück der Verbundenheit wahrhaftiger zu erfahren und zu ehren.

Aber wir wollen nun die positiven Wirkungs- und Erscheinungsarten von Verbundenheit verlassen und uns auf einer fassbareren Ebene mit Verbindung und Freundschaft befassen. Denn indem wir das tun, lernen wir zu beobachten und zu erfahren. Und das hilft uns zu verstehen.

Wir versuchen das mal, indem wir eine der einfachsten Verbindungen untersuchen, die wir als Mensch eingehen können. Es ist dies die Verbindung, die entsteht, wenn wir jemanden bei der Hand nehmen, oder jemandem unsere Hand geben dürfen…

10 Hand in Hand

Haben Sie auch festgestellt, dass man die Hände anderer Menschen immer seltener berührt, je älter man wird?

Muss das so sein?

Wer die Hand eines anderen Menschen in die seine nimmt, der fühlt und empfindet dabei, dass der andere Mensch nicht nur real ist, sondern dass er sich auch ganz anders anfühlt, als dass dies alle anderen Menschen tun.

Es ist schon erstaunlich, wie viele Informationen uns die Berührung einer fremden Hand vermittelt.

Und sind wir ehrlich: In den allermeisten Fällen ist es – nach einer anfänglichen Überwindung – etwas sehr Schönes, jemandem die Hand zu geben oder zu halten.

Haben Sie schon mal die Übung gemacht, dass Sie jemandem seine Hände waschen oder sich die Ihren von jemand anderem waschen lassen?

Tun Sie das doch mal, und beobachten Sie, wie viele Gefühle und Emotionen Sie dabei durchlaufen.

Eigentlich wären alle Berührungen, die in Achtsamkeit und Selbstlosigkeit ausgeführt werden, etwas sehr Schönes.

Aber in unserer Gesellschaft gilt es als nicht schicklich und sehr oft auch als heikel, jemanden einfach so zu berühren.

Das ist schade! Aber es ist auch gut so. Denn es gibt (noch) zu viele Menschen, die aus Berührungen ihren Eigennutzen ziehen wollen und mit ihren Absichten keineswegs das Gute für ihr Gegenüber wollen.

Und so bleibt es uns vorbehalten, jemanden erst berühren zu dürfen, wenn wir uns mit ihm über Freundschaftsbande verbunden haben.

Dann aber, wenn wir einen guten Freund auf selbstlose Weise fest in unsere Arme schliessen dürfen, dann erfahren wir, wie wunderbar das Zusammenleben auf dieser Welt sein könnte. Und wir bekommen einen handfesten Beweis dafür, dass es sich mehr als nur lohnt, sich freundschaftlich zu verbinden. Denn wer jemand anderes über Berührung erfahren darf, der erfährt das Sein an sich auf eine andere, konkretere Art und Weise.

Und wenn wir selbst von jemandem aus selbstloser Nächstenliebe bei der Hand genommen oder umarmt werden, dann kann in uns das geschehen, was nur passieren kann, wenn unsere Seele berührt wird. Es ist dies das *Mysterium fascinosum*, das uns aufzeigt, dass es Geheimnisse im Leben gibt, die weit über das Alltägliche hinausreichen, weil sie in unseren inneren Welten zuhause sind und nur über die Seele eines anderen Menschen, oder aber über die Schöpfung selbst (was ja eigentlich schlussendlich das Gleiche ist) in Gang gesetzt werden können.

Und wenn uns eine solche Erfahrung zuteilgeworden ist, natürlich nur dadurch, dass Bande der Freundschaft geknüpft wurden, dann erkennen wir, dass die Menschheit uns über Menschlichkeit so viel zu schenken hätte.

Was dazu führen könnte, dass Menschlichkeit mehr wirken kann, als dass sie es heute tut, das ist ein Themenfeld, um das es allemal lohnt, sich Gedanken zu machen.

11 Der Leuchtturm der Menschlichkeit

Was ist es, was uns in finsterer Nacht und in extremer Not leuchtet, auf dass wir unseren Weg wieder finden und einem Licht entgegengehen können und dürfen?

Wir wissen es nicht. Und wir werden es wohl auch nie bewusst erfahren.

Aber es dürfte etwas sein, was in uns Menschen verborgen liegt und über die selbstlose Verbindung von Nächstenliebe wirken kann.

Es dürfte das sein, was wir als «Menschlichkeit» bezeichnen, ohne dass wir wissen können, wo diese beginnt, und wo sie aufhört.

Aber wir selbst sind Mensch! Und so haben auch wir die Möglichkeit, menschlich zu sein und uns dadurch der Menschheit als würdiger Helfer zu zeigen.

Und weil wir nicht wissen, wie wir es anstellen könnten, um unsere Menschlichkeit zum Tragen zu bringen, so dürfte der Weg der Verbundenheit in Freundschaft wohl der beste Anfang dazu darstellen.

Aber wie soll man es angehen, wenn man sich der Menschlichkeit hingeben und seinen Teil beitragen will?

Nun, man sollte es nicht übereilen!

Denn wenn wir mit Menschlichkeit arbeiten, dann begeben wir uns in das Feld der Liebe. Und Liebe ist etwas vom Stärksten, wenn nicht gar das Allerstärkste, was es in der Schöpfung gibt.

Und wenn wir jetzt mit Liebe auf jemanden einwirken, der nicht mit uns über freundschaftliche Bande verbunden ist, dann könnten wir eine Art «Overkill» herbeiführen.

Es gab Menschen, die wurden dafür zum Tode verurteilt, dass sie geliebt haben. Jesus Christus ist wohl das prominenteste Beispiel. Aber es folgten ihm sehr viele andere. Denn nicht jede Hexe war böse. Und nicht jeder war pädophil, auch wenn man es ihm anlastete…

Wir erkennen, dass wir uns urplötzlich in einem sehr heiklen Gesellschaftsbereich befinden. Und das, obwohl wir doch soeben noch das Wunderbare der Menschlichkeit gekostet haben.

Nun, Liebe bewirkt in vielen Menschen grosse Veränderungen. Und weil sich Menschen vor diesen Veränderungen fürchten, weil sie diese nicht kontrollieren können, handeln sie im Aussen über die Mittel, die ihnen zur Verfügung stehen. Wenn jemand über Macht verfügt, dann spielt er seine Macht aus. Wenn jemand über Geld verfügt, dann setzt er dieses ein. Und am Ende kommt es immer so weit, dass jemandem seine selbstlose Liebe abgesprochen wird, weil sich niemand vorstellen kann, dass jemand so selbstlos sein kann, dass er nur aus Menschlichkeit etwas getan hat, um anderen zu helfen.

Ein sehr trauriges, aber äusserst repräsentatives Beispiel können wir in *Harper Lees* Roman *«Wer die Nachtigall stört»*, nachlesen. Denn dort wird ein dunkelhäutiger Mann, *Tom Robinson*, von einem Geschworenengericht zu Tode verurteilt, weil er angeblich eine weisse Frau vergewaltigt haben soll. Aber im Prozess kann vom Verteidiger *Atticus Finch* klar aufgezeigt werden, dass Tom das Opfer einer Intrige wurde, welche aus Rassismus entstanden ist. Und das Tragische ist, das Tom seine Aussage abgesprochen wurde, er habe aus Mitleid und Nächstenliebe der Anklägerin gegenüber gehandelt. Und so erstaunt es nicht, dass dieser Roman zu einem der berühmtesten Klassiker der US-amerikanischen Bewegung gegen Rassismus geworden ist. Denn dieses Buch zeigt uns auf, was wir Menschen in Bezug auf Verbundenheit noch zu lernen haben…

Und dennoch braucht es Menschen, die selbstlos handeln und lieben, und die uns so aufzeigen, in welcher Richtung der Leuchtturm steht, dem wir uns zuwenden dürfen.

Es ist also schön, von jemandem den Weg zu seinem Leuchtturm gewiesen zu erhalten. Noch schöner ist es, selbst Leuchtturm für jemanden zu sein. Aber es wird nicht gut kommen. Denn unsere Gesellschaft ist für offene, selbstlose Liebe noch nicht bereit. Und so werden Beziehungen, Freundschaften oder Dienste an der Menschheit immer wieder fehlerkannt und bekämpft werden.

Ja, das ist schade.

Aber wenn uns das passiert, so können wir daraus lernen. Und wir lernen auch unsere Gesellschaft dadurch besser zu verstehen, und uns in unserem Verhalten vor ihr zu schützen.

Und sicherlich wird es uns nicht verwehrt bleiben, über Verbundenheit jemanden zu finden, der unsere Menschlichkeit in Form von selbstloser Liebe zu schätzen, zu erwidern und zu verbergen weiss, so dass das Glück der Verbundenheit unauffällig aber leuchtend wie die Morgensonne am Horizont bestehen bleibe…

Und es dürfte sich dann bei dieser Freundschaft um eine Art von Liebe handeln, die uns das erfahren lässt, was uns erwartet, wenn wir wieder heimkehren.

Wie dem auch sei. Wahre, selbstlose Liebe wird niemals vergehen, selbst wenn sie von Mitmenschen oder der Gesellschaft verkannt, geächtet oder verbannt wird.

Und wenn wir tiefe Selbstsicherheit in uns tragen, dann nur, weil wir in einem unserer früheren Leben Menschlichkeit in Form von wahrer, selbstloser Liebe erleben durften.

***

Es scheint, als ob Verbundenheit uns dem wahren Sein näherbringen könnte.

Es scheint aber auch so, als ob etwas dagegen ankämpfen würde, dass uns das gelingen kann.

Und wir sollten die diesbezügliche Gefahr, die von der Gesellschaft und unseren Mitmenschen ausgeht, ja nicht unterschätzen. Denn niemand weiss, wie schnell man gemobbt, schikaniert und ausgegrenzt wird, wie derjenige, der wegen seiner guten Absichten in die Hölle geworfen wurde.

Menschen können sich verbinden und zu guten Freunden werden, die für immer treu und hilfsbereit bleiben.

Menschen können aber auch das Tier in sich zeigen. Besonders dann, wenn andere etwas haben, was sie auch gerne hätten, aber nicht zu tun bereit sind, was der andere getan hat, damit ihm das Gute zuteilwurde.

Und so stellt sich uns die Frage, wie es denn möglich sein kann, dass sich Menschen gefahrlos verbinden und sich so näherkommen können.

Es klingt paradox. Aber es scheint zu gelingen, indem jeder seinen eigenen Weg geht. Denn wer seinen eigenen Weg geht, und wer dies auch noch selbstlos tut, dessen Absichten können nicht von anderen Menschen durchschaut und manipuliert werden.

Ausserdem verbinden die individuellen Erfahrungen all die Subjekte miteinander, die ebenfalls ihre eigenen Erfahrungen auf ihrem persönlichen Weg gemacht haben. Und so entsteht durch Trennung von der Masse eine Verbindung mit dem Einzigartigen. Und alles, was auf Einzigartigkeit abstellt, ist weniger gefährdet als das, was sich im Mainstream aufhält.

Das ist ein Grundgesetz der Evolution: Die Schöpfung schützt sich über die Streuung von Einzigartigkeiten vor der Vernichtung der Gesamtheit.

Darum ist es gut für uns, wenn wir unseren eigenen Weg gehen, und dabei Tugenden und Charakterbildung nicht ausser Acht lassen. Denn an diesen Erkennungsmerkmalen unseres Verhaltens werden uns diejenigen erkennen, die unserer freundschaftlichen Bande würdig sind.

Und so finden wir dann auch nach und nach auf den Weg, wie wir uns gefahrlos mit anderen Menschen verbinden können. Es geht um den Weg der Tugendhaftigkeit. Dieser ist viel sicherer als der Weg der Nächstenliebe, obwohl eigentlich beides denselben Ursprung hat.

Was aber den Unterschied ausmachen könnte, soll im nächsten Kapitel zum Thema werden.

12 Menschen verbinden

Damit sich zwei Menschen miteinander verbinden können, braucht es eine Gemeinsamkeit.

Natürlich sind unsere Leben angefüllt mit Gemeinsamkeiten zu anderen Menschen. Aber das reicht eben nicht. Denn es braucht eine konkret erlebte und erfahrene Gemeinsamkeit, damit sich zwei Menschen verbinden können.

Wir haben es hier einmal mehr mit dem Geheimnis zu tun, dass manche Dinge nicht über unseren Verstand erfasst und verstanden werden können, sondern dass man sie nur erfahren kann.

Wenn wir uns tugendhaft verhalten, dann erhöhen wir unsere Chancen ungemein, eine praktische Erfahrung mit jemand anderem machen zu dürfen, die uns verbinden und zu Freunden werden lassen kann.

Natürlich handelt es sich dabei oft nur um sehr kurze und unbewusste Freundschaften. Denn wir können nicht mit jedem Menschen eine innige Freundschaft eingehen, dem wir tugendhaft begegnen.

Aber dennoch entsteht bei jedem solchen Erlebnis eine Art Seelenverbindung. Und wir wissen selbst, dass wir Menschen nicht vergessen, die im richtigen Moment für uns da waren, auch wenn wir sie danach nie wieder getroffen haben…

Wir wollen jetzt aber auf die Frage WIE eingehen: Wie gelingt es, dass sich Menschen über Tugendhaftigkeit verbinden können?

Der Autor hat mal in einem kleinen Dorf nach einer langen Wanderung auf einen Bus gewartet. Und als er da wartete, kam eine junge Frau, die ebenfalls auf diesen Bus wollte. Diese Frau ging am Autor vorbei und grüsste. Der Autor grüsste höflich zurück und lächelte dabei freundlich. Daraufhin wurde sein Lächeln von der jungen Frau erwidert. Und auch wenn sonst nichts stattgefunden hat, so bemerkte der Autor dennoch, dass er bei dieser Frau etwas bewirkt hatte.

Aber dem Autor fiel bei dieser jungen Frau auch noch etwas anderes auf: Es war eine Bedrücktheit, die sie in sich trug, und einen Zwang. Und das schön geschminkte Gesicht wirkte gespannt, schon fast glasig – und leicht rötlich angeschwollen.

Und als der Autor dann am Endbahnhof aus dem Bus ausstieg und sich noch im Lebensmittelgeschäft nebenan etwas zu trinken kaufte für die Heimreise mit dem Zug, da sah er gerade noch, wie die junge Frau etwas geniert zwei Flaschen Gin bezahlte und diese schleunigst in ihre Handtasche packte.

Man könnte sich jetzt fragen, was diese Geschichte mit tugendhaftem Verhalten und dem Verbinden zweier Menschen zu tun hat.

Versuchen wir uns zu diesem Zweck in die junge Frau hineinzuversetzen:

Wie fühlt es sich an, wenn man in einem kleinen Dorf von etwa zehn Häusern, wo jeder den anderen persönlich kennt, als Alkoholikerin lebt?

Und wie dürfte in dieser Atmosphäre der Ausgrenzung und Anfeindung ein Lächeln und ein freundlicher Gruss eines Fremden wirken, der nicht das Alkoholproblem vor all die zwischenmenschlichen Interaktionsmöglichkeiten stellt?

Sicherlich, der Autor hätte gerne mehr für diese junge Frau getan. Aber wie hätte er das auch tun sollen. Er hat versucht, das zu tun, was er auch mit allen anderen Menschen zu tun versucht: freundlich und anständig zu sein. Mehr liegt für uns oft nicht drin – leider. Aber es ist immerhin etwas.

****

Es gibt viele Möglichkeiten, sich im Alltag über freundliches und anständiges Verhalten mit Menschen zu verbinden. Wie das konkret aussehen könnte, ist in den Büchern *«Glücklich leben Band 1 bis 5»* ausgeführt. Und jede Möglichkeit bringt uns nicht nur dem Mitmenschen näher, mit dem wir eine kurze, aber wertvolle Verbindung über unser tugendhaftes Verhalten eingehen, sondern sie bringt uns auch uns selbst näher. So können wir wachsen –

durch Verbundenheit mit andern, die wir gar nicht kennen.

Denn es kostet uns ja überhaupt nichts, jemandem mit den Koffern oder dem Kinderwagen beim Aussteigen aus dem Zug zu helfen. Und wir müssen dabei auch nicht lange herumplappern. Es reicht unsere Hilfestellung in dem Moment, wo es sie braucht.

Natürlich, wir müssen achtsam sein, damit wir solche Momente nicht verpassen. Denn wer nur an sich denkt, der merkt gar nicht, dass jemand anders jetzt gerade eine helfende Hand brauchen könnte.

Aber gerade das zeigt uns ja auf, was tugendhaftes Verhalten bewirkt: Es verbindet uns mit unseren Mitmenschen, indem es uns erkennen lässt, dass jemandem selbstlos geholfen werden könnte.

Und wenn uns selbst selbstlose Unterstützung angeboten wird, dann dürfen wir uns umso mehr darüber freuen. Denn wir nehmen das Anbieten dieser Hilfe nicht als weiteren Stressfaktor in unserem ohnehin schon überfüllten Leben auf. Nein, wir erkennen, dass wir jemandem nicht egal sind. Und das verbindet uns mit dieser Person und mit unserem Glauben an die Menschheit.

Es tut gut, so mit anderen Menschen verbunden sein zu dürfen, dass man noch an die Menschheit glauben kann. Denn ansonsten wird die Welt, in der wir leben, kalt und grau.

Wer Mühe darin bekundet, über praktische Erlebnisse der Verbundenheit an das Gute im Menschen und an die Menschheit selbst glauben zu dürfen, der kann es ja auf einer höheren, weniger konkreten Ebene versuchen.

Wir nehmen uns dieses Themas im nächsten Kapitel an. Es geht um Seelenverbindung.

13 Seelen sind verbunden

Man muss doch schon recht viel wissen, damit man mit dem Begriff «Seele» etwas anfangen kann. Denn in unserer Kultur und Gesellschaft spielt die Seele in ihrer wahren Bedeutung eine eher kleine Rolle.

In anderen Kulturen und Religionen ist das anders.

Wohl auch deshalb gab es eine Zeit, wo Leute aus dem Westen in den kulturellen und religiösen Lehren des fernen Ostens nach Wissen gesucht haben, um sich selbst als menschliches Wesen besser verstehen zu lernen.

Gefunden wurde Wissen darüber, dass der Mensch weit mehr als nur ein Lebewesen in einem physischen Körper ist.

Zwar kennt die christliche Tradition das Wort Seele auch. Aber irgendwie kann sich der Autor nicht dagegen wehren, dass ihm in christlich religiösem Zusammenhang bei der Erwähnung des Wortes «Seele» auch immer gleich die Hölle in den Sinn kommt…

Wie dem auch sei. Es gibt Strömungen, die haben weit mehr über unsere Seele in Erfahrung gebracht, als dass man in der westlich geprägten Gesellschaft landläufig darüber weiss.

Und die Frage bleibt natürlich uns überlassen, ob wir uns auf solche Lehren einlassen wollen.

Könnte man, so wie wir es gewohnt sind, wissenschaftlich beweisen, dass die fernöstlichen Lehren in Bezug auf unsere Seele korrekt sind, so würden wir sofort alles glauben.

Da die Wissenschaft aber Dinge aus den inneren Welten nicht zu behandeln weiss, weil diese empirisch nicht untersucht werden können, bleiben wir im luftleeren Raum hängen und müssen uns auf unser Gefühl und unsere Intuition verlassen, wenn uns jemand über unsere Seele Wissen preisgibt.

Nun ist es halt mal so, dass Menschen, die an das Wissen über die Seele glauben, in manchen Bereichen sehr viel weiterkommen als solche, die dieses Wissen mangels Beweise ablehnen.

Warum dem so ist, das dürfte im Wissen selbst zu ergründen sein. Aber wer sich auf dieses Wissen erst gar nicht einlässt, der wird eben nicht verstehen und erkennen können.

Und daher lassen wir das Thema dieses Kapitels hier stehen. Wir verweisen nur, für diejenigen, die sich dafür interessieren, auf die zwei kleinen Bücher *«Meditieren – Eine Annäherung an Sinn und Nutzen des Meditierens»* und *«Sterben – Der Tod als unsere wahre Lebensversicherung»*.

Um diesem Kapitel aber dennoch etwas Form zu geben, wollen wir hier noch eine kurze Hypothese wagen:

Was wäre, wenn wir Menschen alle über unsere Seele mit dem gleichen Ursprung verbunden wären?

Und was wäre, wenn wir nicht Mensch, sondern Seele in einem menschlichen Körper wären?

Würde so nicht sehr vieles relativ werden?

Und wenn eine Seele unsterblich sein soll, würde es dann nicht Sinn machen, uns in unserem irdischen Leben anders zu verhalten, weil es nach dem Tod unseres physischen Körpers weitergeht?

Langer Fragen kurzer Sinn: Wenn im Wissen über die Seele viele Antworten zu finden sind, die uns uns selbst erkennen lassen, dann könnte es durchaus hilfreich sein für uns, wenn wir uns mit unseren Mitmenschen nicht auf physischer Ebene zu verbinden versuchen, sondern auf einer weitaus höheren Ebene, nämlich der seelischen.

Dies hätte zur Folge, dass wir objektiver denken, fühlen und handeln könnten. Und so wäre es uns dann auch möglich, die Relativität im materiellen Irdischen zu erkennen.

Was ist ein Geldschein in Vergleich zu einer Verbindung mit einer anderen Seele?

Welchen Wert hat seelische Verbundenheit, die uns Geborgenheit und Glück vermitteln kann, im Vergleich zu einem Auto?

Was sind uns Glauben und Frieden wert, wenn wir durch sie unsere Angst und unsere Sorgen ablegen dürfen?

***

Dieses Büchlein will keine Antworten auf all die Fragen geben. Denn jede und jeder muss diese Antworten selbst für sich finden. Nur so kann der eigene Weg hin zur persönlichen Wahrheit gefunden werden. Und nur dieser Weg kann frei und glücklich machen.

Was dieses Büchlein aber will, ist darauf hinzuweisen, dass die Verbundenheit zu Erfahrungen führen kann, die es einfacher machen, seine Antworten auf zentrale Fragen des Seins zu finden.

Und wenn man halt von Verbundenheit schreibt, dann kommt man nicht darum umher, auch die Verbindung von Seelen zu erwähnen.

Wer einmal in seinem Leben Seelenverwandtschaft erleben durfte, oder sogar seinen Seelenzwilling treffen durfte, der versteht, was hier angedeutet wird…

Aber wir haben uns mit diesem Kapitel auf eine sehr hohe Ebene des Seins begeben. Diese Ebene ist so hoch, dass sie in Anbetracht der alltäglichen Probleme unseres Lebens beinahe utopisch wirkt.

Denn wir sind uns über unsere Erfahrungen Tag für Tag ganz andere Herausforderungen gewohnt.

Und immer und immer wieder geht es bei diesen Herausforderungen darum, die Trennung zu überwinden, um Verbundenheit überhaupt erst mal zu ermöglichen.

Wie oft verletzen wir, und führen so eine Trennung herbei, aus deren Basis niemals eine positive Erfahrung erwachsen kann?

Ja, wir kommen nicht darum herum, das Thema des Verletzens anzugehen, wenn wir uns um das Sein an sich und um Verbundenheit bemühen wollen.

14 Was ich andern antue...

Man sagt uns schon von klein auf, *dass wir andern nicht das antun sollen, was wir selbst auch nicht möchten, dass man es uns antut.*

Und damit hat sich's, könnte man meinen.

Und so bleibt diese *goldene Regel* des Zusammenlebens, die sich auf das nicht Verletzen unserer Mitmenschen abstützt, eine leere Floskel, wenn nicht gar ein Moralismus.

Wer sich mit den Wirkungssystemen der Zwischenmenschlichkeit eingehend auseinandergesetzt hat, und wer auch genügend negative Erfahrungen diesbezüglich machen durfte, der betrachtet diese goldene Regel mit ganz anderen Augen.

Denn einmal mehr geht es nicht in erster Linie um die anderen. Es geht nicht darum, unsere Mitmenschen vor uns selbst zu schützen. Es geht vielmehr darum, uns selbst vor dem zu schützen, was andere uns antun, wenn wir sie angreifen und/oder verletzen.

Wir haben ja keine Ahnung über die Wirkungssysteme, die einzusetzen beginnen, sobald wir jemand anderem wehtun. Denn wir werden nicht nur die bewussten und unbewussten Reaktionen unseres Gegenübers zu spüren bekommen. Nein, auch die Mitmenschen unseres Gegenübers werden bewusst und unbewusst auf uns einwirken. Und gleichzeitig legen wir uns auch noch auf einer weitreichenderen, gesellschaftlichen Ebene mit den Gewohnheiten und Gepflogenheit an, was uns selbst in Bedrängnis bringt, sobald wir jemandem von diesem Vorfall erzählen.

Wenn wir jemanden verletzen, dann begehen wir eine Handlung, die auf unser Gegenüber wirkt. Aber jede Handlung ruft eine Reaktion hervor. Und jede Reaktion hat wiederum ihre Wirkung, die wiederum auf andere Dinge einwirkt, was wiederum Reaktionen hervorruft. Und so geht das immer weiter.

Wir nennen dies den *Welleneffekt*.

Wir können diesen Welleneffekt für uns nutzen. Aber wir sollten ihn dafür nutzen, um positive Wirkungen hervorzurufen.

Wenn wir hingegen zum Opfer des Welleneffektes werden, und wir die Welle auch noch selbst ausgelöst haben, dann tun wir gut daran, wenn wir an unserer Zurechnungsfähigkeit zweifeln!

Wenn wir andere nicht verletzen sollen, dann nicht, weil wir jemandem etwas antun! Nein, wir sollen nicht verletzen, weil wir uns selbst etwas antun und so wichtige Verbindungen zu dem trennen, wovon wir täglich abhängig sind.

Wenn es in unserem Leben hapert und nicht mehr flutscht, dann könnte das daran liegen, dass wir einem Welleneffekt ausgesetzt sind, den wir selbst ausgelöst haben.

Wir können diesen Welleneffekt durch negatives Verhalten auslösen. Dann sind wir selbst schuld und dürfen lernen, weil wir ja offensichtlich noch zu lernen haben.

Es kann aber auch sein, dass wir diesen Welleneffekt über gute Absichten herbeigeführt haben, die zu selbstlos und zu liebend gewesen sind. Dann haben wir auch etwas in Bewegung gebracht, was negativ auf uns zurückwirkt. Wir haben dieses Problem im Kapitel elf behandelt. Der Unterschied von diesem Welleneffekt zu dem, der durch negatives Verhalten ausgelöst wurde, besteht aber darin, dass sich Wellen, die durch positives Verhalten ausgelöst werden, zum Guten kehren werden, wenn wir redlich und anständig bleiben und genügend Geduld und Durchhaltevermögen aufbringen.

Aber es ist nicht empfehlenswert, sich willentlich solchen Prozeduren auszusetzen. Denn man kann daran zerbrechen.

Es ist aber auch überhaupt nicht empfehlenswert, sich dem Welleneffekt auszusetzen, der entsteht, indem man die goldene Regel bricht!

Und wenn Sie jetzt denken, dass Sie eigentlich niemanden verletzen, und dass für Sie dadurch kein Problem besteht, so wird hier vorsichtshalber auch noch darauf hingewiesen, dass selbst ein Verletzen der Wahrheit in den meisten Fällen als ein Verletzen der goldenen Regel geahndet wird. Und folglich hat alles, was von uns auskommt und nicht der Wahrheit entspricht, einen Welleneffekt, der dann negativ auf uns zurückfällt, wenn unsere Unwahrheiten aufgeflogen sind.

Und darum lassen wir hier die Thematik *Auge um Auge, Zahn um Zahn* stehen, und wechseln auf eine eleganter erscheinende Ebene, die nicht minder verletzt und daher schadet. Es geht um das Lügen und Betrügen.

15 Lug und Trug

Eigentlich würde es reichen, hier auf das *«Arbeitsbuch der Wahrheit – Warum Lügen kurze Beine haben»,* hinzuweisen.

Aber man kann nicht immer allen Literaturhinweisen nachgehen. Man würde dabei den roten Faden verlieren.

Und darum wird hier kurz aufgezeigt, wie Lug und Trug die goldene Regel verletzen und daher unserer Verbundenheit, und folglich auch unserem Sein, schaden.

Wenn wir eine Unwahrheit verbreiten, wenn wir also falsche Tatsachen vortäuschen, dann veranlassen wir andere dazu, anders zu denken, zu fühlen und zu handeln, als wenn wir die Wahrheit sagen würden.

Diesen Effekt kann man zu mehreren Zwecken nutzen.

Man kann sich zum Beispiel einen Selbstvorteil verschaffen. Oder man kann von etwas Unangenehmem ablenken. Mann kann Geschehnisse in eine bestimmte Richtung lenken, und man kann jemandem Schaden.

All diesen Möglichkeiten liegen unlautere, also negative oder selbstsüchtige Motive zugrunde. Für den Fall, dass die Wahrheit ans Licht kommt, geht es uns also an den Kragen.

Und jeder, der die Wahrheit ans Licht bringen könnte, wird über unser Lügen zu unserem potenziellen Feind, denn er könnte uns über seine Aussage ans Messer liefern.

Wir erkennen sofort, dass Lügen also keineswegs verbindend, sondern in jedem Fall trennend wirkt. Denn auch all diejenigen, die erfahren, dass wir gelogen haben, werden den Umgang mit uns meiden, was zu weitreichender Abtrennung von unserem Umfeld führt.

Wie ist es jetzt aber, wenn wir eine Notlüge anwenden, weil wir Probleme abwenden oder jemanden vor sich selbst oder der Wirkung der Wahrheit schützen wollen?

Nun, wir müssen davon ausgehen, dass die Wahrheit früher oder später dennoch ans Licht kommt. Lohnt es sich da, sich auch noch aktiv seine Hände schmutzig zu machen, indem man etwas über Falschaussagen zu verdecken versucht, was der Wahrheit entspricht? Lohnt es sich überhaupt jemals, gegen die Wahrheit anzukämpfen?

Das Einzige, was wir tun können, ist die Wahrheit zu verschweigen. Das aber auch nur, wenn wir dadurch Schlimmeres abwenden können. Es lohnt sich zum Beispiel kaum, der fundamentalistisch geprägten Urgrossmutter zu erzählen, dass irgendein Verwandter zu einem anderen Glauben konvertiert sei. Es würde die alte Dame nur belasten, ihr aber nicht helfen.

Wenn sie aber selbst fragt, dann soll sie die Wahrheit erfahren. Denn dann hat sie wohl noch eine Lektion zu lernen. In unserem Fall dürfte es die sein, dass jeder Mensch das Recht hat, an das zu glauben, was er für richtig hält – solange er dabei niemand anderes verletzt.

Aber wir waren bei Lug und Betrug. Und beides sind Vergehen, die jeder Verbindung früher oder später schaden. Und es braucht hier auch nicht erklärt zu werden, weshalb. Denn Lug und Betrug zeugen von charakterlichen Mängeln. Und wir tun gut daran, uns lieber mit Menschen zu verbinden, die uns charakterlich weiterbringen helfen, als dass wir uns mit solchen umgeben, die uns schaden oder unseren Ruf in Mitleidenschaft ziehen.

Wer lügt und betrügt, der schneidet sich mit diesen Machenschaften von seinen Mitmenschen ab, wie er es auch mit allen anderen unethischen und unmoralischen Tätigkeiten tut, die in unserer Gesellschaft bereits geahndet werden, oder erst verpönt sind.

Jede negative Machenschaft unsererseits führt zu einem Umweg. Dieser Umweg entsteht, weil wir immer unseren Ruf erst wieder aufbauen müssen, indem wir das Vertrauen zu andern neu aufzubauen versuchen. Es geht um das Vertrauen, das wir missbraucht haben. Nur so bringen wir uns wieder in die Lage, Verbindungen eingehen zu können.

Und wir können vor Lug und Betrug auch nicht flüchten. Denn selbst, wenn wir umziehen, dann hängen unsere Machenschaften wie ein Damoklesschwert über uns. Und jederzeit kann jemand auf den Plan treten, der die Wahrheit sagt und uns somit zu dem macht, was wir waren, solange wir für unsere Machenschaften nicht um Entschuldigung gebeten und vor uns selbst Sühne geleistet haben.

Und darum ist es besser, sich gar nicht erst auf unsaubere Verhaltensweisen einzulassen. Denn der Schaden ist in jedem Fall grösser als der Nutzen.

Und wie gut schläft der Redliche im Vergleich zum Fehlbaren?

Und weil dem so ist, dürfen wir uns auf das nächste Kapitel freuen!

16 Der Redliche...

Redlichkeit geht mit Erfahrung und bewusster Reflexion derselben einher.

Junge Menschen sehen oft wenig Grund, sich tugendhaft und rechtschaffen zu verhalten. Dem ist so, weil sie die Wirkung eines redlichen Verhaltens noch nicht erfahren und somit auch noch nicht erkennen durften.

Aber jemand, der bereits länger in Beziehungen verschiedener Art eingebunden war, der macht so seine Erfahrungen. Und es ist halt nun mal viel angenehmer für unsere Psyche und viel wohltuender für unser Herz, wenn wir uns auf unser Gegenüber verlassen dürfen.

Natürlich vergeben wir uns viele Möglichkeiten, wenn wir immer redlich sind und gewisse Chancen, die sich uns anbieten, nicht zu unserem Vorteil ausnutzen. Aber diese Chancen sind nichts anderes als Verführungen. Und somit wäre es kurzsichtig von uns, sie zu nutzen und gleichzeitig unsere Redlichkeit und unseren Anstand für sie zu opfern.

Denn wenn wir einmal unsere Redlichkeit verspielt haben, dann brauchen wir sehr sehr lange, um diese wiederzuerlangen. In gewissen Kreisen ist es sogar unmöglich, jemals wieder zu dem Ansehen zu kommen, das man hatte, bevor man seine Redlichkeit achtlos verspielt hat.

Aber weshalb ist Redlichkeit in Bezug auf unsere Verbundenheit und auf unser Sein so wichtig?

Es geht um zwei Dinge, die eigentlich dasselbe sind: Es geht einerseits darum, dass wir lernen, unsere Selbstbezogenheit und unseren Selbstvorteil soweit abzulegen, dass für uns die Wahrheit bedeutungsvoller wird, als dass es unser Selbstvorteil für uns ist. Und andererseits geht es darum, dass wir uns innerhalb aller Wirkungssysteme als wahren Akteur erkennen, der seinen Teil dazu beitragen will, dass diese Welt ein besserer Ort für alle wird.

Wer lügt und betrügt, der stört die alles durchdringende Wahrheit des Lebens an sich. Das führt immer zu einem gewissen Grad an Trennung. Und somit ist jede Lüge ein Selbstbetrug. Denn man versucht sich etwas Kurzfristiges zu ergaunern, und zahlt dafür mit etwas, was wir so dringend nötig hätten, um glücklich werden zu können.

Nur über Verbundenheit und Freundschaft wird es uns möglich, das in unserem Leben erfahren zu dürfen, was uns erfüllt und glücklich macht. Aber wer will schon einen Lügner und einen Betrüger zum Freund?

Jetzt ist es aber so, dass der Redliche ein schweres Leben führt, solange er sich in einem Umfeld aufhält, wo regelmässig gelogen, betrügt, beschönigt oder vertuscht wird. Denn in einem solchen Umfeld gilt der Redliche als Gefahr für alle anderen. Und darum wird er so lange schikaniert und ausgegrenzt, bis er dieses Umfeld von selbst verlässt.

Und dann ist der Redliche alleingelassen und ohne Anbindung.

Aber Einsamkeit kann auch ein Glück sein! Denn wer alleine ist, der hat alle Verbindungen hinter sich gelassen, auch die negativen. Und wer redlich war, der wird kaum Mühe bekunden, neue Verbindungen aufzubauen, die weitaus positiver sein werden und entsprechend positiver wirken als die bisherigen.

Aber der Redliche wird viel weniger Kontakte knüpfen und dadurch auch weniger Verbindungen aufbauen, als dass er das vorher konnte. Denn wer nur noch auf Verbindungen positiver Natur setzt, der hat bedeutend weniger Auswahl als der, der jede Verbindung eingeht und dabei das Risiko zu tragen hat, dass er dabei auch Leuten auf den Leim geht, die aus Selbstvorteil und somit aus unlauteren Motiven eine Verbindung herbeizuführen planen.

Je mehr wir über die Menschen und die Gesellschaft wissen, je kleiner wird unser Freundeskreis. Aber das ist auch gut so. Denn ein gespeicherter Name mit einem Profilbild auf einer social Media App ist kein Freund, sondern nur eine Bekanntschaft. Und bei blosser Bekanntschaft besteht das Risiko, dass zwar eine Verbindung darauf aufgebaut werden kann, dass diese Verbindung aber negativ auf uns wirken könnte.

Da sollte uns eine einzige Verbindung mit einem guten Freund wesentlich mehr wert sein, als eine Liste von hunderten von Namen, die uns nichts zu geben vermag, ausser dass sie uns täglich über Posts das Gefühl vermittelt, dass wir den Ansprüchen der Gesellschaft nicht genügen.

Der Redliche genügt sich selbst, weil er weiss, dass er durch seine Tugendhaftigkeit und sein Verhalten dem Vorwärtskommen der Gesamtheit auf einer höheren Ebene dient. Mehr braucht der Redliche nicht. Denn immer wieder werden ihm für seine Bemühungen und seine Ehrlichkeit Sterntaler zukommen. Und Sterntaler zahlen zwar keine irdischen Rechnungen, dafür werden sie in der Ewigkeit gerne dafür in Zahlung genommen, dass man Verbindungen geniessen darf, die man dann aufgebaut hat, als man sich die Sterntaler auf Erden verdient hat.

Aber Redlichkeit ist nur eine von all den Tugenden, die es uns ermöglicht, uns auf Verbindungen einzulassen, die dauerhaft und wertvoll sind.

Es gibt auch noch diverse andere wichtige Haltungen und Verhaltensweisen, die uns helfen, uns zu verbinden und unser Sein auf Fels, anstatt auf Sand aufzubauen.

17 Tugenden allgemein

Tugendhaft leben kann man nicht. Man kann es nur wollen. Denn selbst, wenn wir es wollen, werden wir dabei immer wieder fehlbar sein. Und das ist gut so.

Wir sollten Tugenden anders betrachten, als wir es gemeinhin tun. Denn eine Tugend ist nicht eine Maxime, und auch keine Anleitung, nach der man sich verhalten kann. Tugendhaftigkeit ist ein persönlicher, subjektiver Richtwert, an den wir uns entsprechend unserer momentanen charakterlichen Möglichkeiten zu halten versuchen.

Wenn wir uns tugendhaft verhalten, dann verbinden wir uns mit so vielem. Und diese Verbindungen führen zu einer Veränderung in uns selbst und in unserem Umfeld, mit dem wir interagieren. Das alles hat Einfluss auf uns als Mensch durch die Erfahrungen, die wir machen dürfen. Und weil es sich mehrheitlich um lehrreiche und positive Erfahrungen handelt, entwickelt sich so auch unser Charakter. Ein entwickelter Charakter ermöglicht es uns wiederum, unser persönliches höchstes Ideal weiterzufassen, oder sogar neu zu definieren. Und so schaffen wir neue Richtwerte für unser tugendhaftes Verhalten, was eine neue Welle der persönlichen Entwicklung ermöglicht.

Wir erkennen, dass Tugenden etwas Persönliches, Relatives und schwer Fassbares darstellen.

Was nützt es daher, Tugenden aufzuzählen und zu beschreiben, wenn doch jeder selbst für sich herausfinden muss, was eine Tugend bewirkt und welche Vorteile sie bringt?

Ja, Tugenden kann man wohl nur erfahren, nicht aber intellektuell erfassen. Man kann nur anhand von Erfahrung ihr Wirkungsspektrum auf unser Potenzial ansatzweise ermessen, wenn es darum geht, dass wir uns dadurch würdig erwiesen haben, neue Verbindungen eingehen zu dürfen.

Aber es sind eben die Verbindungen, die uns der Verbundenheit des Seins näherbringen, nicht unsere Tugenden.

Tugenden wirken also ähnlich wie eine Formel in der Mathematik: Eine Formel bringt uns konkret nicht weiter. Sie hilft uns nur, eine mathematische Problemstellung zu lösen. Genau gleich hilft uns eine Tugend nicht weiter. Denn sie sagt uns nichts Konkretes. Sie lässt uns nur verstehen und erkennen, welche Art von Haltung und Verhalten uns positive Verbindungen ermöglicht.

Und dieses Wissen sollten wir mit in die Erziehung und in die Entwicklung der Menschheit mitnehmen.

Wenn ein Kind fehlbar war und dafür geschlagen wird, dann kann das Kind dadurch keine positive Erfahrung ableiten, die es ihm ermöglicht, eine positive Verbindung darauf aufzubauen. Und darum wird das Kind demjenigen, der es geschlagen hat, auch nicht vertrauen. Wir vertrauen niemandem, der uns schlägt.

Wenn man jetzt aber Verständnis für die Fehlbarkeit des Kindes aufbringt und die Situation nutzt, um ihm Möglichkeiten aufzuzeigen, wie es als Gewinner aus der Situation hervorgehen kann, nämlich indem es lernt, dann hilft man dem Kind nicht nur, seinen Selbstwert und seine Selbstachtung aufzubauen. Nein, man verhilft ihm auch zu einem Erlebnis, das durch die richtige Betrachtungsweise zu einer positiven Erfahrung werden kann. Und diese positive Erfahrung ermöglicht es dem Kind, sich mit dem Erzieher zu verbinden, und seinerseits anderen Menschen, die ähnlich fehlbar waren wie es selbst zu helfen, ihre Erfahrungen zu machen und diese dann in einem positiven Licht zu betrachten.

So entsteht Verbundenheit, die nicht nur lernen lässt, sondern die sich über konstruktives Verhalten ständig weiterverbreitet.

Wenn in gewissen Gemeinschaften und/oder Gesellschaften höhere Werte gelten als anderswo, dann ist dies auf diesen konstruktiven Umgang in Bezug auf die vorherrschende Fehlerkultur zurückzuführen.

Und was wir mit Kindern tun, das sollten wir auch mit Erwachsenen so machen!

Was hat ein Straftäter für einen Grund, sich zu bessern und seinen Glauben an die Gesellschaft neu aufzubauen, wenn er schlecht behandelt und ständig wieder auf seine Fehlbarkeit hingewiesen wird?

Und was bewirkt es im Gegensatz dazu, wenn man ihm erklärt, welche Wirkungen seine Handlungen auf ihn und sein Umfeld hatten?

Vielleicht hat der Straftäter ja versucht, sich zu bessern. Aber da er über Verbundenheit und Freundschaft nicht Bescheid wusste, ist er mehrmals gescheitert – sogar bei denen, die ihm am nächsten standen. Und unter solchen Umständen verwundert es nicht, dass jemand aufgibt.

Das ist sehr schlimm! Denn wenn die Gesellschaft Mitglieder auf diese Weise verliert, dann können Feinde auf Lebzeiten daraus entstehen.

Wenn jemand sich darum bemüht, aus seinen Fehlern zu lernen und sich zu verbessern, dann sollte ihm dabei geholfen werden. Tut man es nicht, so hält man die Trennung willentlich aufrecht.

Wenn die Gesellschaft nicht bereit dazu ist, jemandem für seine Fehlbarkeit zu vergeben, warum sollte dann der Einzelne vergeben?

Der Strafvollzug sollte also nicht zur Bestrafung, sondern zum Schaffen einer Basis für neu aufzubauende Verbindungen genutzt werden.

Natürlich macht nur eine Geisteshaltung den Unterschied aus. Aber energetisch gesehen steht dahinter so viel mehr! Denn wir haben ja gelesen, dass positive Verbindungen zu einer Win-Win-Situation führen, während negative Verbindung in den meisten Fällen einen Gewinner und einen Verlierer hinterlassen. Eine Situation, in der es einen Verlierer gibt, ist eine Situation, in der alle verlieren. Denn alle verlieren die Möglichkeit, über Verbundenheit Freundlichkeit und Wohlbefinden in ihr Leben zu rufen.

Tugend als solches wäre etwas sehr Wichtiges! Aber weil uns die Erfahrung darüber fehlt, wie wir sie verstehen und erfassen lernen können, bleibt sie für uns etwas Unfassbares. Oder schlimmer noch: sie wird für uns zu etwas Moralisierendem. Und Moralismus wirkt ja immer negativ, weil etwas verlangt wird, was nicht erreicht werden kann, weil die Voraussetzungen dazu innerlich nicht, oder noch nicht, bereitstehen. Ganz abgesehen von den Moralvorstellungen, die oft alles andere als ethische Grundsätze und verbindende Motive zum Ziel haben.

Es scheint also so, als dass wir uns Tugenden nur durch tugendhaftes Verhalten erarbeiten können. Und auch das Wissen über sie können wir nur über unseren Willen, uns über Tugendhaftigkeit Erfahrungen zu erschliessen, aufbauen.

Und so kommen wir zwangsläufig einmal mehr zu dem, was so viele Philosophen, selbstlose Spirituelle und grosse Vorbilder in Sachen Humanität immer wieder klar und deutlich betont haben: Wir können nur weiterkommen, indem wir an uns und in unserem Innern arbeiten und dabei selbstlos vorgehen. Man nennt diesen Prozess Charakterbildung.

***

Einmal mehr haben wir uns wieder in Weisheit und tiefgründigem Wissen verloren. Das nützt nichts. Denn Wissen und Weisheit bringen uns konkret nichts. Sie sind nur das Produkt aus reflektierten Erfahrungen.

Es sind also die Erfahrungen und deren Wirkung in uns, wenn wir über sie nachdenken, die uns weiterbringen und weiterhelfen.

Entsprechend müssen wir zu Erfahrungen kommen, nicht zu Wissen und Weisheit. Und weil dem so ist, wollen wir im nächsten Kapitel das thematisieren, was zu Erfahrungen führt. Es ist dies der Moment – *the very moment*!

18 Und wenn es so weit ist

Eine Verbindung entsteht nur, wenn sie eingegangen wird. Und dieses Eingehen benötigt einen Impuls oder eine Reaktion unsererseits.

Wenn jemand uns bewusst oder unbewusst eine Verbindung anbietet, dann kann die Verbindung nur entstehen, wenn wir die Chance des Momentes nutzen. Denn wenn wir nicht auf das Angebot einsteigen, oder wenn wir zu lange warten, dann verliert sich die Möglichkeit der Verbindung wieder.

Wir haben aber gelesen, dass Verbindung durch Erfahrungen entsteht. Und somit gilt für die Erfahrung das Gleiche wie für die Verbindung, damit sie entstehen kann:

Dann, wenn es so weit ist, müssen wir zu handeln bereit sein. Tun wir es nicht, dann verstreicht unser Leben und mit ihm die Möglichkeit, in Verbundenheit zu leben.

Es ist also für unsere Verbundenheit unabdingbar, dass wir auf irgendeine Weise mit anderen Menschen und unserem Umfeld in Verbindung treten und so interagieren.

Und da Möglichkeiten nur wirken können, wenn wir die Voraussetzungen dafür schaffen und die Möglichkeiten dann auch erkennen, wenn sie sich einstellen, braucht es einmal mehr den Willen dazu und ein bestimmtes Mass an Achtsamkeit.

Der Moment, indem es so weit ist, kann zwar von aussen her zu uns kommen. Aber aus der Möglichkeit dieses Momentes etwas zu machen, diese Entscheidung liegt in unserem Willen und unserer Fähigkeit, die Möglichkeiten zu erkennen.

Wer negativ denkt, der sieht überall Probleme. Probleme führen zu Problemen, darum lassen wir uns schon gar nicht auf sie ein.

Wer aber positiv denkt, der sieht überall Möglichkeiten. Möglichkeiten können, die richtige Entscheidung unsrerseits vorausgesetzt, in Sekunden unser Leben verändern.

Und so erkennen wir, dass es dann, wenn es so weit ist, auf drei Dinge ankommt, damit wir uns verbinden können:

1. Wir müssen im Moment leben.

2. Wir müssen achtsam sein, damit wir die Möglichkeit erkennen können.

3. Wir müssen uns verbinden WOLLEN. Wir zeigen unseren Willen dadurch, dass wir positiv denken.

Wir haben es oft erlebt, dass man uns Weisheiten rezitiert hat und darauf beharrte, dass sie wahr seien, wenn man sie nur glauben und man sich auf sie einlassen würde.

Dem ist tatsächlich so.

Aber manchmal ist man eben erst bereit, etwas zu glauben und zu tun, wenn man über Erklärungen und Logik verstehen kann, warum etwas wirkt, und wie es dies tut.

Entstehende Verbindungen sind fast immer im Spiel, wenn es darum geht, Weisheiten zu erklären, zu begründen und zu verstehen.

Das liegt in der Natur der Verbindung an sich. Denn wenn etwas verbunden wird, dann kann es über diese Verbindung wirken. Wird es nicht verbunden, dann bleibt die Wirkung aus.

Wir Menschen haben die Möglichkeit und die Fähigkeit dazu, uns über unsere Gedanken mit allem zu verbinden, was in unserer Achtsamkeit wahrnehmbar ist. Wir können uns sogar mit Dingen verbinden, die wir nur glauben und dadurch selbst erschaffen.

Und wenn wir in unbegrenzten Möglichkeiten leben wollen, dann können wir das über Verbundenheit erreichen. Und so erreichen wir eine andere Ebene des Seins. Das ist nicht Magie, das ist Logik — natürlich, kombiniert mit der Macht des Glaubens.

Albert Einstein soll gesagt haben: *Alles ist Energie! Gleiche dich der Frequenz der Realität an, die du möchtest, und du kreierst diese Realität. Das ist keine Philosophie. Das ist Physik!*

Dieses Zitat würde das, was im vorangehenden Absatz erklärt wurde, bestätigen.

Es ist unser Wille, der uns weiterbringt! Damit er wirken kann, braucht es unser positives Denken. Damit er positiv wirkt, braucht es Selbstlosigkeit; und darum Charakterbildung.

Und so finden wir den Übergang zum nächsten Kapitel. Denn wenn es an und für sich so leicht ist, seine Realität zu kreieren, dann entsteht daraus eine grosse Gefahr. Diese Gefahr wirkt nicht nur auf die Bewahrer in der Gesellschaft, sondern auch auf unser Ego. Und darum bekämpfen sowohl die Gesellschaft wie auch unser Ego all unsere Versuche, unseren Weg zu gehen und uns positiv zu verbinden. Denn wenn alle die wunderbaren Möglichkeiten des Seins in Verbundenheit kennenlernen würden, dann würde unser bisheriges System Knall auf Fall zusammenbrechen!

19 Unser Ego, der Miesmacher

Dann, wenn es so weit ist, bräuchten wir uns nur dafür zu entscheiden, und schon könnte etwas in Bewegung geraten und uns Veränderung und wohl auch Erleichterung verschaffen.

Aber sowohl gesellschaftliche Gedankenmuster und Moralvorstellungen als auch unser Ego warnen uns davor, uns nicht darauf einzulassen; unseren ersten Schritt nicht zu machen.

Und so schieben wir unsere Möglichkeiten laufend hinaus. Und währenddem wir unsere Möglichkeiten hinausschieben, arbeiten Gesellschaftsvorstellungen und unser Ego weiter und machen aus dem ersten Schritt eine unüberwindbar scheinende Hürde.

Aber eines ist sicher: Mindestens einmal in unserem Leben müssen wir das tiefe Tal der Unsicherheiten und des Unwissens durchschreiten! Tun wir es zu Lebzeiten, dann dürfen wir erkennen, dass wir uns dadurch mit allem, was ist, und somit auch mit dem Leben selbst, verbinden.

Schieben wir es auf, dann müssen wir den zu einem riesenhaften Ungetüm angewachsenen ersten Schritt auf unserem Totenbett machen. Und dieser Schritt wird dann so anmuten, als ob wir ihn in den Abgrund hinaus machen müssten; ein Abgrund, der uns ins tiefe Tal der Angst vor der Unsicherheit stürzen lässt.

Wer hinterfragt und selbstkritisch ist, dem gelingt es, die Normen der Gesellschaft zu überwinden und das eigene Ego in seine Schranken zu weisen.

Und wer den Willen hat vorwärtszukommen und sich im Sinne des Guten zu entwickeln und zu verändern, der wird den ersten Schritt lieben lernen. Denn dieser wird unser Leben interessant und farbig machen helfen. Er wird uns immer wieder neue Möglichkeiten eröffnen und uns ermöglichen, uns auf sie einzulassen. Das ist ein Segen für uns! Es ist der Segen der Verbundenheit des Seins!

Also, unser Ego spannt mit den bewahrenden Normvorstellungen der Gesellschaft zusammen, um unseren ersten Schritt so lange hinauszuzögern, bis es auch für unser Ego keine Rolle mehr spielt, ob wir ihn machen oder nicht.

Wenn wir unseren ersten Schritt dann machen, wenn unser Ego nachgibt und der Tod uns unausweichlich dazu zwingt, dann haben wir definitiv zu viele Möglichkeiten verstreichen lassen, uns zu verbinden. Da können uns dann auch nicht etwelche angehäuften Reichtümer oder gewisse ruhmreiche Errungenschaften unseres Lebens über den Verlust der vergebenen Möglichkeiten hinwegtrösten.

Darum sollten wir ihm folgen, dem Wink unserer Seele, wenn er uns über eine Möglichkeit ein Zeichen gibt, uns zu verbinden und dadurch unser Leben wieder in Schwung zu bringen…

20 Der Wink unserer Seele

Je mehr wir uns verbinden, je mehr ermöglichen wir dadurch unserer Seele, in unser Bewusstsein vorzudringen.

Warum dem so ist, das könnte über ein theoretisches Gedankenkonstrukt zu erklären versucht werden.

Man kann es aber auch einfach glauben. Das geht schneller und einfacher.

Aber *den Sprung des Glaubens kann uns niemand abnehmen.*

Und wohl deshalb hilft uns unsere Seele immer wieder durch tiefste Gefühle der Verbundenheit, dass wir etwas wagen, was wir nicht tun würden, wenn wir nur auf unsere Vernunft bauen würden.

Unsere Seele hilft uns über unsere Intuition. Und unsere Intuition ist in unserem Bauch zuhause – darum auch das *Bauchgefühl...*

Wenn wir unseren Verstand etwas beiseiteschieben und dadurch erkennen können, dass unser Ego über Sorgen, Ängste und Kontrollwahn in hohem Masse auf unseren Verstand einwirkt, dann gelingt es uns vielleicht auch ab und zu mal, auf unser Bauchgefühl zu hören.

Und sind wir ehrlich: Wurden wir jemals von unserem Bauchgefühl enttäuscht?

Unser Bauchgefühl ist der Wink unserer Seele, der uns dabei helfen soll, in einer sich anbietenden Möglichkeit den ersten Schritt zu tun.

Jede Reise beginnt mit einem ersten Schritt…

Wer den ersten Schritt hinausschiebt oder unterlässt, der wird dort bleiben, wo er unglücklich ist und leidet.

So ist das in unserem Leben: Wir werden unglücklich, damit wir einen Grund dafür haben, vorwärtszugehen. Und wenn wir uns weigern, dann fangen wir an zu leiden, auf dass wir noch mehr Grund dafür haben, vorwärtszugehen. Und wenn wir uns immer noch weigern, dann bestraft uns das Leben damit, dass es vorüberzieht und uns den Tod bringt. Denn spätestens dieser wird eine Veränderung herbeiführen, die uns einen Schritt vorwärtsmachen lässt.

Es ist unsere extreme Verbundenheit mit dem Irdischen, mit dem Materiellen, mit der Sicherheit und mit dem Beweisbaren, die uns immer wieder zurückhält.

Würden wir uns mit dem Verbinden, was kommen könnte, was wir aber noch nicht kennen, dann wäre unser Leben zwangsläufig viel spannender, viel abwechslungsreicher und viel farbiger.

Wer andere Menschen um das beneidet, was sie haben, der will womöglich etwas, was die anderen sich erarbeitet haben, was der Neider selbst aber nicht zu tun bereit ist. Selber schuld! Und kein Grund dafür, neidisch zu sein!

Auf eines können wir uns verlassen: Unsere Seele meint es gut mit uns. Denn unsere Seele ist unsere Anbindung zur Schöpfung. Und die Schöpfung kann es nicht böse meinen mit uns, weil ein Teil von ihr sind. Wer würde sich willentlich selbst zerstören?

Wenn wir uns mit dem Leben in seinen verschiedenartigen Erscheinungsformen verbinden, verbinden wir uns indirekt mit unserer Seele, und dürfen uns so als Seele immer mehr erkennen lernen.

Das zeigt uns auf, welche Möglichkeiten uns geschenkt wären, wenn wir uns nur auf sie einlassen würden.

Ob wir uns darauf einlassen, das ist unsere Sache. Die einen wagen es, die anderen nicht. Das ist gut so. Denn uns ist die Möglichkeit geschenkt, selbst entscheiden zu dürfen.

Sicherlich werden wir früher oder später unseren Weg gehen; nämlich dann, wenn wir bereit dazu sind. Das kann je nach unserem Willen und unserem Glauben bereits in diesem Leben der Fall sein. Wir können es aber auch auf ein weiteres, oder gar auf mehrere weitere Leben, hinausschieben. Das ist unsere Entscheidung, und wir haben die Möglichkeit und das Recht dazu.

Wenn wir uns aber vor unserer Geburt zu diesem irdischen Leben hier, das wir gerade am Leben sind, als Seele zu etwas entschieden haben, was wir in diesem Leben unbedingt erreichen wollen, dann werden andere Wirkungssysteme in Kraft treten.

Denn dann werden wir es mit Vorsehung und Schicksal zu tun haben. Und wenn uns unsere Seele einen Wink über die Beihilfe grosser geistiger Helfer gibt – eben über das, was wir Vorsehung oder Schicksal nennen – dann sollten wir nicht dagegen ankämpfen. Denn wir würden so gegen die Verbindung mit unserer Seele antreten. Und wer sich von sich selbst zu trennen versucht, der zerstört sich zwangsläufig dadurch selbst.

Und so gesehen bleibt uns früher oder später nichts anderes übrig, als zu erkennen, dass es Dinge gibt, die absolut, unumstösslich und ewig sind.

Wir sollten uns mit ihnen verbinden, denn das macht uns unsterblich und eröffnet uns den Eingang in das ewige Leben…

21 Für immerdar

Alles Schlimme, was uns widerfahren könnte, können wir nur erleiden, wenn wir nicht verbunden sind.

Natürlich müssen wir uns mit dem Richtigen verbinden, wenn wir nichts Schlimmes erleiden wollen. Denn wer sich mit Vergänglichem verbindet, der wird dann allein dastehen, wenn das Vergängliche vergangen ist.

Wer sich aber mit dem verbindet, was für immer währt, der wird niemals allein und verloren sein.

In den finstersten Momenten des Lebens wird es möglich zu erkennen, dass es immer jemanden an unserer Seite gibt – und zwar für immerdar.

Es wäre müssig, hier zu beschreiben und zu erklären. Man muss es wohl selbst erlebt haben, um es zu glauben…

Aber glauben tun wir wohl erst, wenn wir nur noch zwischen dem Glauben und dem absoluten Nichts wählen können.

Der Glauben ist das Verbindende, das wir wählen können. Das Nichts ist die absolute Trennung von allem, was ist.

Wundert es da, dass Religionen, Sekten und Doktrinen in unserer Gesellschaft eine so starke Wirkung ausüben auf grosse Massen von Menschen?

Viele Institutionen nutzen das Bedürfnis der Menschen nach Sicherheit über das Glauben von etwas Vorgegebenem aus. Aber Bedürfnisse täuschen uns, weil sie uns zu nehmen, anstatt zu geben veranlassen…

Dann, wenn wir vor dem Aus stehen, dann, wenn alles Licht verschwunden ist, wird sich eben auch zeigen, dass all das, was an Vergänglichem von aussen kommt und nur über Schein seine Wirkung ausübt, vergänglich ist.

Und dann ist man auf sich selbst gestellt – und auf seinen eigenen, persönlichen Glauben.

Ein Glaube, der auf das abstellt, was von aussen her auf uns eingewirkt hat, der ist vergänglich. Ein Glaube aber, den wir erlangen und aufbauen durften, indem wir uns immer wieder mit dem Leben selbst verbunden, und uns so die Erfahrung von absoluten Werten ermöglicht haben, der wird die Prüfung der Vergänglichkeit bestehen.

Und so lernen wir, dass wir uns mit dem verbinden lernen sollten, was da ist, für immerdar.

***

Wir haben vieles erfahren und vielleicht auch vieles verstehen können. Aber nützen tut das alles nichts. Denn es kommt von aussen und ist daher vergänglich.

Wir sollten es darum in uns wirken lassen, und es dann wieder loslassen. Die Wirkung wird bleiben, der Rest war nur Mittel zum Zweck.

Und wenn wir das erfolgreich tun, dann führt das zu einer weiteren persönlichen Erfahrung. Es ist dies die Erfahrung, dass wir eigentlich gar nichts brauchen.

Wir brauche nichts, weil uns alles gegeben ist, sofern es uns gelingt, uns mit ihm zu verbinden.

Etwas zu besitzen, heisst nicht, damit verbunden zu sein. Es zeigt nur eine mögliche Beziehung an. Aber das, was wir glauben zu besitzen, ist nur geliehen, sofern es irdischer Natur ist. Und somit ist diese Verbindung eine Illusion und wird sich auflösen, sobald wir den letzten Schritt in unserem irdischen Leben tun müssen.

Wer sich aber wahrlich mit dem, was dauerhaft ist, über Demut und Dankbarkeit zu verbinden weiss, der wird loslassen können. Und Loslassen führt zum Abfallen jeglicher Verhaftung. Loslassen führt uns in unsere persönliche Freiheit.

Wer frei ist, uneingeschränkt jegliche Art von Verbindungen eingehen zu dürfen, der hat sich die Basis dafür geschaffen, in die ewige Verbundenheit des Seins einzutreten.

Diese Art von Verbundenheit bedeutet nichts anderes
als eine selbstlose, allesumfassende Freundschaft mit
allem, was ist – und mit allem, was sein könnte -
einzugehen.

22 Schlusswort

Wie soll man ein Büchlein wie dieses hier abschliessen?

Nun, der Autor stellt sich schon mal die Frage, warum dieses Büchlein hier in der Buchserie *«Gesellschaft verstehen»* und nicht in der Serie *«Spirituelles Wissen»* erscheint.

Vielleicht weil Verbundenheit, Spiritualität und Gesellschaft ihre Entstehung alle in den gleichen Grundgesetzmässigkeiten haben?

Der Autor weiss es nicht. Er geht aber davon aus, dass Gesellschaft eine weitergefasste Form von Gemeinschaft ist. Und Gemeinschaft ist eine weiter gefasste Form von Freundschaft. Und Freundschaft wiederum ist eine weitergefasste Form von Partnerschaft. Und das, was zwei Liebende miteinander verbindet, das ist die Liebe an sich.

Wer sich darum bemüht, eine selbstlose Liebe zu leben, der schafft dies nur über spirituelle Annäherung (wie auch immer Spiritualität genau gedeutet werden soll…). Durch Liebe wird für uns unsere Gesellschaft besser verständlich. Wohl deshalb erscheint dieses Büchlein in der Serie *«Gesellschaft verstehen»*. Es hilf uns, uns zu verbinden, damit wir unsere Mitmenschen und ihre Interaktionen besser verstehen lernen. Damit wir Geheimnisse des Seins aufdecken können.

Und wer damit anfängt, Geheimnisse des Lebens selbst zu ergründen und zu verstehen, der wird würdig, sich mit dem verbinden zu dürfen, was es wert ist, dass wir uns mit ihm auf immer verbinden.

Eine solche Verbindung wird niemals wieder getrennt werden können. Wir nehmen sie mit uns, in unserem Herzen, über die Grenzen von Tod und Wiedergeburt hinaus.

Und somit ist das Schlusswort nicht eigentlich ein Schlusswort, sondern eine Einleitung für das, was kommt, wenn etwas zu Ende geht.

Dann, wenn wir herausgefunden haben, wo das Rad des Lebens seinen Anfang hat, dann werden wir wohl klarer sehen.

Bis dahin aber wird noch viel Zeit verstreichen. Zeit, die es gar nicht gibt, weil es nur den Moment gibt. Der Moment in seiner Kostbarkeit ist weder mit Geld noch mit Zeit noch mit irgendetwas anderem Irdischen messbar zu machen.

Und am kostbarsten erscheint uns der Moment dann, wenn wir erkennen dürfen. Wenn wir Liebe, Geborgenheit oder ewiges Wissen fühlen und in seiner Wahrhaftigkeit wahrzunehmen vermögen.

Viele Menschen sind auf der Suche nach genau diesen Momenten. Und das sind die Menschen, mit denen wir uns verbinden sollten.

Bücher wie dieses hier haben zum Ziel, solche Menschen miteinander zu verbinden. Ob dies wohl möglich ist?

***

Der Autor wünscht allen Leserinnen und Lesern, dass es gelingen möge.

Er wünscht sich Verbundenheit für alle auf einer Ebene, die verbindend, nicht verpflichtend wirkt.

Wenn schlussendlich über Verbindung Erkenntnis entsteht, dann ist der Weg geebnet, um einen Neuanfang darauf aufzubauen…

Und darum hat dieses Büchlein hier entgegen aller Gewohnheit auch nach dem Schlusswort noch ein letztes Kapitel.

23 Wahre Verbundenheit

Die Messlatte für ein letztes Kapitel wie dieses hier ist hoch gesetzt.

Aber wer bis hierhin gelesen hat, der hat das Messen und Bewerten sicherlich ablegen gelernt.

Die Suche und das Augenmerk gelten höheren Werten und Idealen. Und somit dürfte auch klar sein, dass die Verbindungen, die aus denselben entstehen, völlig anders ausfallen dürften als alles, was wir uns aus dem Diesseits gewohnt sind.

Ist es nicht wunderbar, sich mit etwas verbinden zu dürfen, was man nicht kennt, was einem aber dennoch in seiner Vollkommenheit zu bewegen und zu erfüllen vermag?

Wahre Verbundenheit ist das, was nicht über Worte erfasst werden kann. Denn Worte sind das Abbild unserer Gedanken, und unsere Gedanken sind begrenzt. Sie sind, wie schon so oft erklärt, begrenzt, weil auch unser Verstand begrenzt ist.

Aber über Hoffnung, Glaube und Liebe haben wir Menschen die Möglichkeit, uns eben mit dem verbinden zu dürfen, was unbegrenzt ist.

Es ist dies eine Möglichkeit. Wir bestimmen, ob wir einen Schritt darauf zumachen wollen. Wir bestimmen, ob wir uns damit verbinden wollen.

Dann, wenn wir das Messen, das Beweisen und das Urteilen hinter uns gelassen haben, dann wird uns die Möglichkeit hin zu wahrer Verbundenheit gegeben sein. Und dann werden wir eingehen können in das Sein an sich, das aus Verbundenheit in Verbindung mit allem für ewig bestehen wird.

Etwas wird immer sein. Wenn wir uns selbst über Verbundenheit in das hineingeben, was ewig währt, dann werden auch wir immer sein.

Einen kleinen Teil, der auf immer währt, tragen wir bereits in uns. Es ist unser Ursprung in Form des göttlichen Funkens. Dieser ist unser Anknüpfungspunkt für jede weitere Verbindung, die uns helfen wird, den Weg nachhause zu finden.

Wir sollten tunlichst darauf achten, dass wir das Glänzen in unserem göttlichen Funken über Verbundenheit zu einem Leuchten anwachsen lassen können. Denn dann werden wir mit der Zeit nicht nur Leuchtturm, sondern vielleicht sogar zu einem Teil des Lichts am Ende des Horizontes, das schon uns in unseren Anfängen die richtige Richtung gewiesen hat.

Und weil es ab da keine Worte mehr gibt, um noch mehr Wahrhaftigkeit zum Ausdruck bringen zu können, lassen wir die Verbundenheit des Seins in Form allen Lebendigens, das uns umgibt, sprechen…

Anmerkung

Wer sich mit jemandem verbindet und eine Freundschaft eingeht, der tritt in die Ewigkeit des Seins ein. Dem ist wohl so, weil die Freundschaft dann wirklich wahr wird, wenn sie auf Seelenebene stattfindet.

Und darum spielt es keine Rolle, ob es sich um eine Freundschaft mit einer Frau oder mit einem Mann handelt. Denn das Geschlecht ist nur ein äusserer irdischer Aspekt, der dem Fortbestehen der Menschheit dient. Das aber, was die Menschlichkeit voranbringt, ist die Seele; und diese ist vom Geschlecht eines Lebewesens unabhängig.

Darum nützt es aus Sicht des Autors wenig, ständig «Freundin/Freund» zu schreiben, nur damit den formellen Vorgaben in Bezug auf die Gleichstellung beider Geschlechter Genüge getan wird. Wer sich wahrlich mit anderen Menschen in Freundschaft verbindet, der hat den Geschlechterkonflikt schon lange überwunden. Und wer es noch nicht getan hat, der wird auch niemals Bücher wie dieses hier lesen.

Darum wurde dem Lesefluss mehr Gewicht beigemessen als den Gewohnheiten, die unsere Gesellschaft in Bezug auf Gleichstellung von Sprachschaffenden verlangt. Und dem ist im Sinne der Tradition des Verlages denkmalnach.ch wohl auch ganz gut so…

Hinweis

Die Inhalte, die es möglich machten, dieses Buch hier zu schreiben, stammen von Liselotte von Hagen. Als Autor tritt aber der auf, der das Buch geschrieben hat. Über das wie und warum wurde Stillschweigen vereinbart. Und genau gleich wird die wahre Identität der Urheberin geschützt und verschwiegen. Wir haben über Gründe dazu in diesem Büchlein lesen dürfen. Und da es immer gut ist, seinen eigenen Weg zu gehen, spielt es eigentlich auch keine Rolle, wem wir die Informationen zu verdanken haben, die uns weiterbringen. Denn Tatsache ist, dass wir auch diese Informationen wieder loslassen und weglegen müssen, um auf unserem Weg zu unserer Lebensaufgabe vorwärtszukommen.

Nichtsdestotrotz steht hinter den Inhalten dieses Büchleins viel Menschlichkeit und Nächstenliebe. Und darum gebühre denen Dank, die dazu beigetragen haben.

Titelverzeichnis des Verlags denkmalnach.ch

Die Titel sind wie folgt erhältlich:

- Als **Taschenbuch** zurzeit nur bei **amazon.de**
- Als **E-Book** im *Kindle*-Format bei **amazon.de** und immer mehr auch als *ePub* für **Tolino** bei **Weltbild, Thalia, Hugendubel etc**.
- Teilweise als **Hörbuch** bei fast allen Anbietern

Verlag: www.denkmalnach.ch

Autor und Suchbegriff: Michael von Känel

Bücher der Reihe *Spirituelles Wissen*:

	Meditieren *Eine Annäherung an Sinn und Zweck des Meditierens*
	Heilen *Ein Crashkurs in energetischem Heilen*

	Heilen 2 *Unterstützende Ausführungen zum Crashkurs energetisches Heilen*
	Heilen 3 *Anwendungsbeispiele mit Skizzen zum Crashkurs energetisches Heilen*
	Heilen 4 *Grundsätze der Energiearbeit und des energetischen Heilens*
	Heilen 5 *Veranschaulichungen von Heilprozeduren und Heilungsprozessen*
	Sterben *Der Tod als unsere wahre Lebensversicherung*
	Der Antichrist *Der Versuch über unser Ego den zu erklären*
	Die innere Stimme *Wie wir uns von ihr führen lassen und ihr vertrauen lernen können*

	Die geistige Welt *Warum die Realität nicht mehr als ein Traum ist*
	Die Bewusstheit zu sein *Schranken des Lebens ablegen, um frei zu sein*
	Weisheit – Perlen und Irrtümer *Wie Weisheit erhebt oder verblendet*
	Quo vadis? *Geheimnisse über den Weg, den wir gehen*
	Heilen 6 *Energetisches Heilen und damit verbundene umfassendere Sichtweisen*

Bücher der Reihe *Gesellschaft verstehen*:

| | Leben statt Arbeiten
Wofür es sich zu arbeiten lohnt und wofür nicht |

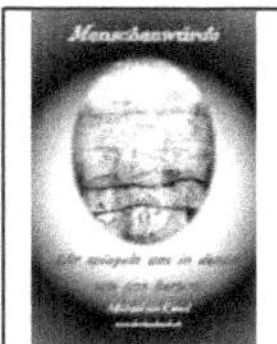

Menschenwürde
Wir spiegeln uns in denen um uns herum

Bücher der Reihe *«Augenmerk Hochsensibilität»*:

	Band 1 – Portrait eines hochsensiblen Menschen *Einblick in den Werdegang und die Erfahrungen eines feinfühligen Menschen*
	Band 2 – Die Wahrnehmung eines hochsensiblen Menschen *Wie und was hochsensible Menschen wahrnehmen können und warum*
	Band 3 – Hochsensibilität in Verbindung mit Achtsamkeit *Was alles möglich wäre aus Sicht eines hochsensiblen Menschen*

Bücher der Reihe *«Vision 3000»*:

	Vision 3000 Band 1 – Die Welt ist im Wandel *Es stehen Veränderungen an...*
	Vision 3000 Band 2 – Veränderungen machen uns zu schaffen *Neue Denkansätze helfen*

	Vision 3000 Band 3 – Neue Denkansätze sind gefragt *Der Mensch hat das Potenzial zu antworten*

Romanserie mit spirituellem Hintergrund
Tränen des Drachen:

	Tränen des Drachen – Band 1 *Comfortably numb – Angenehm berauscht*
	Tränen des Drachen – Band 2 *Seventh Son of a seventh Son –* *Der siebte Sohn des siebten Sohnes*
	Tränen des Drachen – Band 3 *Stairway to Heaven – Die Himmelsleiter*
	Tränen des Drachen – Band 4 *Child in Time –Ein Kind der Zeit*
	Tränen des Drachen – Band 5 *Warriors of the World – Krieger der Erde*

<table>
<tr><td>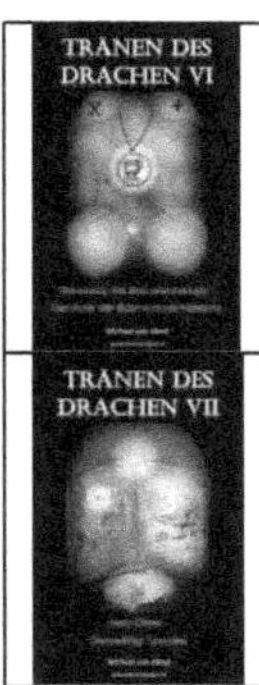</td><td>

Tränen des Drachen – Band 6
The Good, the Bad and the Ugly –
Der Gute, der Böse und das Hässliche

</td></tr>
<tr><td></td><td>

Tränen des Drachen – Band 7
Holy Diver – Geweihter Taucher

</td></tr>
</table>

Serie *Philosophie und Bildung*:

<table>
<tr><td></td><td>

Philosophie und Bildung – Band 1
Die Quadratur des Kreises
20 Aufsätze zu Alltagsthemen – Neue Denkansätze
für frische Köpfe

</td></tr>
<tr><td>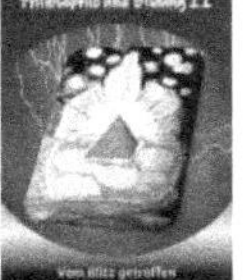</td><td>

Philosophie und Bildung – Band 2
Vom Blitz getroffen
20 weitere Aufsätze zu Alltagsthemen – Neue
Denkansätze für frische Köpfe

</td></tr>
<tr><td></td><td>

Philosophie und Bildung – Band 3
Schwarzer Diamant
20 weitere Aufsätze zu Alltagsthemen – Neue
Denkansätze für frische Köpfe

</td></tr>
<tr><td>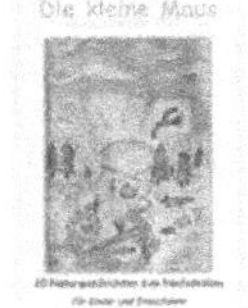</td><td>

Die kleine Maus
20 Naturgeschichten zum Nachdenken für Kinder
und Erwachsene

</td></tr>
</table>

	Richtig (v)erziehen *Warum lieb sein zu Kindern böse ist*
	Lehrermangel *Warum der Lehrerberuf so anstrengend ist*
	Sich selbst sein *Auf dem Weg in die persönliche Unabhängigkeit*

Serie *Arbeitsbücher der Achtsamkeit*:

	Arbeitsbuch der 7 Schlüssel *Charakterbildung leicht gemacht – Der Weg ans Licht*
	Arbeitsbuch der Wahrheit *Warum Lügen kurze Beine haben*
	Arbeitsbuch des Beobachtens und Wahrnehmens *Lernen zu entdecken, zu erkennen und zu begreifen*

Serie *Übungsbücher der Achtsamkeit*:

	Übungsbuch der Spiritualität *30 Übungen zum Erfahren spiritueller Aspekte*
	Übungsbuch der Achtsamkeit *30 Übungen zum Erfahren, Beobachten und Wertschätzen*
	Übungsbuch der Selbstwirksamkeit *30 Übungen zum Erkennen, was möglich sein könnte*

Serie *The Best - The Rest – The Rare*:

	Harry Potter enthüllt *Eine spirituelle Erklärung für den Erfolg der erfolgreichsten Buchreihe aller Zeiten*
	Gesammelte Gedichte *40 gesammelte Gedichte mit Tiefgang, aus der Feder der Autorengemeinschaft* <u>www.denkmalnach.ch</u>
	E-Bike to work *Wie das Elektrovelo mein Leben verändert hat*
	Ein Quantum Trost *Für jeden Tag ein Bild und eine Aussage, um sich an die Hoffnung zu erinnern*

	30 Do or Don'ts *Warum wir Dinge tun sollten und warum nicht*

Bücher der Reihe *Erfolgreich durchs Leben*:

*Bereits komplett **als Hörbuch** erhältlich!*

	Teil 1 - Erfolgreich leben 1: Lernen mit Geld umzugehen; *Grundwissen über Geld und den Umgang damit als Basis für mehr Selbstwirksamkeit*
	Teil 2: Erfolgreich leben 2: Selbstsicherheit aufbauen; *Hinstehen und ohne Unsicherheit sich selbst sein dürfen*
	Teil 3: Erfolgreich leben 3: Effizient Lernen; *Grundsätze des Lernens, die den Wissenserwerb erleichtern helfen*
	Teil 4: Erfolgreich leben 4: Sich Ziele setzen können; *Warum man Ziele nur erreichen kann, wenn man welche hat*
	Teil 5: Erfolgreich leben 5: Absichten durchschauen; *Was hinter dem Verhalten anderer Menschen und Institutionen steht*
	Teil 6: Ursache und Wirkung 1: Übergewicht verstehen; *Wie Übergewicht zustande kommt - und was man tun kann*

<table>
<tr><td></td><td>

Teil 15: Glücklich leben 5: Ethik und Moral; *Warum die ungeschriebenen Gesetze des Zusammenlebens für unser Glück so wichtig sind*

</td></tr>
</table>

Bücher der Reihe *Die Wirkung von...* :

	Die Wirkung von Angst auf unser Leben *Was Angst alles behindert und verunmöglicht*
	Die Wirkung von Lärm auf unser Wohlbefinden *Wie Lärm uns beunruhigt und uns Kraft raubt*
	Die Wirkung von Musik auf unsere Selbstwahrnehmung *Wie Musik uns zentriert und beruhigt*
	Die Wirkung von Bildschirmkonsum auf unser Leistungsvermögen *Wie Bildschirme uns ablenken und unsere Leistung senken*
	Die Wirkung von Sport und Bewegung auf unsere Ausgeglichenheit *Was Sport bewirkt und wann er nützt*

	Die Wirkung von Mode auf unsere Selbstachtung *Wie Mode uns beeinflusst und fremdbestimmt*
	Die Wirkung von Gewohnheit auf unsere Lebensführung *Was Gewohnheiten uns geben - und was sie uns nehmen*
	Die Wirkung von Wasser auf unsere Gesundheit *Wie Wasser nicht nur unseren Durst stillt*
	Die Wirkung von guter Luft auf unseren Körper *Wie frische Luft uns beflügelt*
	Die Wirkung von Reisen auf unsere Konzentration *Wie Reisen und Pendeln uns müde machen*

Die Klappentexte zu den einzelnen Büchern sowie die Serienbeschreibungen sind in den Online-Shops beim jeweiligen Titel aufrufbar.

Verlag: www.denkmalnach.ch

Autor: Michael von Känel

Herzlichen Dank, dass Sie den Verlag unterstützen und weiterempfehlen!